CONTENTS

Prologue	1
Chapitre 1 : Persévérance et Résilience : Les Clés de la Réussite	7
Chapitre 2 : La Discipline	37
Chapitre 3 : Méthodes de Recherche de Prospects et Gestion de Pipeline en B2B	61
Chapitre 4 : Techniques spécifiques pour optimiser Vos Ventes	76
Chapitre 5 : Négociation et Conclusion des Ventes	115
Chapitre 6 : Formation et Développement des compétences	154
Conclusion de fin	159

PROLOGUE

*L'Importance d'un Bon État
d'esprit pour le succès*

Dans l'univers impitoyable de la vente, ce n'est pas que la technique ou la stratégie qui vous fera briller. Ces outils sont importants, mais ils sont loin d'être suffisants pour vous propulser. Ce qui sépare les véritables champions des amateurs, c'est l'état d'esprit. Vous pouvez avoir toutes les compétences du monde, mais sans la mentalité d'un guerrier, vous ne serez jamais qu'un prétendant.

Voyez les ventes comme une bataille. Pas une bataille ordinaire, mais une guerre de longue haleine où les terrains sont changeants et les adversaires impitoyables. Vous allez rencontrer des défis : des refus cinglants, des échecs cuisants, des périodes où le succès semble aussi éloigné qu'une étoile. C'est dans ces moments de noirceur que se révèle la vraie nature de votre esprit. C'est là que se forge votre caractère. Chaque défaite, chaque rejet est une occasion de tester votre résilience et de renforcer votre détermination.

Votre mental doit être aussi solide que de l'acier. Il doit être implacable devant l'adversité et inébranlable face à l'échec. Ce n'est pas simplement une question de motivation passagère, mais de construire une attitude qui vous pousse à avancer, même lorsque chaque fibre de votre être veut abandonner. Cultiver cette mentalité ne se fait pas du jour au lendemain. Cela demande du travail, de la discipline et une volonté de fer.

Ce livre va vous montrer comment transformer cet état d'esprit en une force implacable. Vous allez apprendre à traiter vos moments de doute en sources de force, à utiliser chaque revers comme une plateforme de lancement vers vos objectifs. Vous allez intégrer cette mentalité de guerrier à chaque technique de vente, à chaque stratégie, et vous allez voir vos succès se multiplier.

Ce ne sera pas facile. Vous allez devoir vous battre, non seulement contre les obstacles externes, mais aussi contre vos propres limites internes. Mais souvenez-vous de ceci : chaque jour est une chance de renforcer votre mentalité, chaque challenge est une occasion de prouver à vous-même que vous êtes capable de plus. Vous avez le pouvoir de changer les choses, de transformer les défis en victoires et vous allez y arriver.

Alors, préparez-vous. Saisissez ce livre comme

vous embrasseriez un champ de bataille. Vous êtes sur le point de découvrir non seulement des techniques pour vendre, mais aussi des méthodes pour fortifier votre esprit et faire ressortir le meilleur de vous-même. Allez de l'avant, affrontez vos peurs et ne vous arrêtez jamais. Vous êtes prêt pour cette guerre. Maintenant, allez la gagner.

Aperçu des Techniques de Vente

Les techniques de vente ne sont pas de simples astuces ou des trucs pour se donner bonne conscience. Elles sont le cœur battant de votre succès dans ce jeu impitoyable. Elles ne sont pas là juste pour vous faire briller ; elles sont à ce moment-là pour transformer chaque opportunité en victoire concrète. Chaque approche est un outil dans votre arsenal, une arme affûtée que vous devez maîtriser pour conquérir le marché.

Prenons un instant pour démystifier ces stratégies. FOCA, DAPUS et les techniques de gestion du processus décisionnel ne sont pas des acronymes obscurs réservés aux experts. Ce sont des méthodes éprouvées, des systèmes qui vous permettent de décoder la complexité du déroulement de vente et de déjouer les pièges que tendent les prospects. FOCA, avec ses Faits, Opinions, Changements, et Actions, vous arme pour structurer vos conversations et convaincre les clients en abordant chaque aspect du débat.

DAPUS vous guide à travers le labyrinthe des décideurs : Décisionnaire, Acheteur, Prescripteur, Utilisateurs, Signataire. Connaître ces rôles, comprendre leurs besoins et leurs influences, c'est la clé pour naviguer dans le processus d'achat comme un expert.

Ne vous y trompez pas : maîtriser ces méthodes n'est pas un luxe, c'est une nécessité. C'est ce qui vous permet de transformer une simple interaction en une opportunité de conclure. Comme me le disait mon directeur commercial : « La vente est une science, pas seulement un art. » Vous pouvez être un artiste des relations humaines, mais sans une compréhension rigoureuse de ces techniques, vous allez vous retrouver à jongler dans le noir.

Ces méthodes vous obligent à structurer vos propositions avec une stratégie solide, à adapter vos présentations pour frapper juste et à répondre aux objections avec une précision chirurgicale. Elles vous forcent à sortir de votre zone de confort, à affronter chaque situation avec une approche réfléchie et minutieuse. Elles ne vous laissent aucune place pour l'approximation ou l'improvisation.

Ce livre est votre guide pour intégrer ces techniques dans votre arsenal, pour vous pousser à aller plus loin, à travailler plus dur et à ne jamais vous arrêter. Vous allez découvrir comment ces outils peuvent transformer vos interactions avec les prospects, comment chaque rencontre peut devenir une victoire en puissance. Préparez-vous à plonger dans un environnement exigeant où chaque détail compte, où chaque décision est cruciale. Utilisez ce que vous apprendrez ici pour vous démarquer, pour surpasser vos concurrents et pour atteindre vos objectifs.

Vous n'êtes pas, par les temps qui courent, pour vous contenter de la moyenne. Vous êtes ici pour aller au-delà, pour transformer chaque opportunité en succès et chaque revers en leçon. Vous allez maîtriser ces techniques avec une rigueur inébranlable et une détermination sans faille. Armé de ces outils, vous allez aborder chaque challenge avec une persévérance renouvelée, et chaque vente deviendra une victoire tangible que vous savourerez. Préparez-vous à mettre en œuvre ce que vous avez appris et à faire la différence. Vous êtes prêt à relever le défi. Alors, prenez les devants et montrez de quoi vous êtes capable.

Objectifs du livre

Ce livre n'est pas simplement un guide de plus dans votre bibliothèque. C'est un plongeon dans ce que signifie vraiment exceller dans le monde impitoyable de la vente. Vous allez découvrir comment un tempérament de fer, inflexible et résilient, peut devenir le moteur de votre succès dans les affaires. Ce n'est pas une question de chance ou de techniques superficielles ; il s'agit de forger une mentalité de titan et de maîtriser des stratégies de vente qui vous propulseront bien au-delà de la norme, jusqu'à des sommets que vous n'avez même jamais imaginés.

À travers des récits puissants, des exemples réels et des exercices que vous devrez appliquer avec rigueur, ce livre est conçu pour vous projeter au-delà de vos limites. Vous apprendrez à transformer les obstacles en opportunités, à utiliser chaque revers comme un tremplin vers le succès et à développer une résilience qui vous propulsera en avant, même dans les moments les plus difficiles. Vous n'êtes pas ici pour vous contenter du statu quo. Vous êtes maintenant là pour conquérir, pour avancer avec une détermination inébranlable et pour convertir vos efforts en résultats concrets. Préparez-vous à affronter les défis avec une force nouvelle et à rallier vos ambitions en réalisations. Vous allez franchir les limites de ce que vous pensiez possible.

CHAPITRE 1 : PERSÉVÉRANCE ET RÉSILIENCE : LES CLÉS DE LA RÉUSSITE

1 Comprendre la Persévérance et la Résilience

La persévérance, c'est ce carburant qui vous pousse à avancer, même quand tout semble se liguer contre vous. Imaginez que vous vous lancez dans la préparation d'un marathon. Au départ, l'adrénaline est à son comble, vous êtes plein de ferveur et de motivation. Mais à mi-chemin, la réalité frappe : la fatigue s'installe, vos muscles crient, chaque foulée est une épreuve. C'est là que la persévérance se révèle. C'est cette force intérieure indomptable qui vous pousse à continuer, à mettre un pied devant l'autre, même quand chaque mouvement semble vous rapprocher du désespoir.

Prenons Eliud Kipchoge, ce marathonien kényan dont le nom est désormais synonyme de grandeur. En 2019, il a écrit l'histoire en devenant le premier homme à courir un marathon en moins de deux heures. Mais cet exploit n'est pas le fruit du hasard ; c'est le résultat d'une persévérance acharnée.

Avant de pulvériser cette barrière légendaire, Kipchoge a sacrifié des années d'entraînement rigoureux. Il a affronté des blessures, des conditions de course impitoyables et des échecs cuisants. Chaque course, chaque exercice était une bataille, un combat contre la douleur et la fatigue. Mais jamais il n'a cédé à l'abandon. Chaque débâcle n'était qu'une étape dans le long chemin menant à son objectif colossal.

Ce succès est loin d'être une simple question de talent ; c'est un témoignage de la persévérance inflexible. Kipchoge nous enseigne qu'avec assez de détermination, il est possible de réaliser des objectifs qui semblent complètement inaccessibles.

Visualisez-vous dans les chaussures d'Eliud Kipchoge ? Vous vous entraînez jour après jour, vous luttez contre la douleur et les revers, avec un objectif monumental en tête. Chaque journée, vous affrontez la fatigue et le doute, mais vous continuez à avancer. Finalement, votre persévérance vous amène à réaliser quelque chose que peu de gens auraient cru possible. Vous avez cette même force en vous. Êtes-vous prêt à l'exploiter pour surmonter vos propres défis ?

La Résilience : Se relever et avancer

La résilience, c'est la capacité de se relever après avoir été frappé au sol. La vie, croyez-moi, n'est pas un chemin lisse et sans embûches. Les échecs, les fautes, et les moments de doute feront partie intégrante de votre parcours. Ce que vous devez comprendre, c'est que la résilience est cette force intérieure brute qui vous pousse à vous remettre sur pieds, à tirer des leçons de vos erreurs, et à avancer coûte que coûte.

Imaginez un athlète de haut niveau qui se blesse gravement. Ce n'est pas juste une coupure ou une éraflure, c'est quelque chose qui pourrait mettre fin à sa carrière. Mais c'est là que la résilience entre en jeu. Au lieu de se laisser abattre, cet athlète choisit de se battre. Il passe des mois, voire des années en réhabilitation, affrontant une douleur atroce et des moments de doute. Et quand il revient, il n'est pas seulement réparé ; il est plus fort, plus déterminé.

Prenons l'exemple d'Alex Smith, quarterback de la NFL. En 2018, Smith subit une double fracture à la jambe lors d'un match. Cette blessure n'est pas simplement douloureuse, elle est potentiellement fatale, avec des complications qui pourraient mettre fin à sa carrière. L'histoire pourrait s'arrêter là, mais Smith fait face à des infections graves nécessitant plusieurs interventions chirurgicales et une longue réhabilitation.

L'histoire d'Alex Smith est un témoignage puissant de résilience. Il ne se contente pas de surmonter des complications médicales majeures ; il affronte également le scepticisme et les doutes sur son retour sur le terrain. Pendant plus d'un an, il travaille d'arrache-pied pour retrouver sa forme physique, endurant la douleur et le stress mental avec une détermination à toute épreuve.

En 2020, Alex Smith revient sur le terrain NFL et reprend son poste de quarterback. Son retour n'est pas juste un triomphe personnel ; il est devenu un symbole de résilience pour les athlètes et les individus confrontés à des défis écrasants.

Maintenant, imaginez-vous à la place d'Alex Smith. Vous venez de vivre une blessure qui pourrait détruire votre carrière. Non seulement vous devez guérir physiquement, mais vous devez aussi faire face au scepticisme et surmonter des montagnes de doutes. Vous avez ce pouvoir en vous. Vous pouvez choisir de vous relever, d'affronter les défis, et de revenir plus fort que jamais. Êtes-vous prêt à embrasser cette résilience et à transformer vos obstacles en opportunités ?

L'Importance de la Persévérance et de la Résilience

Pourquoi la persévérance et la résilience sont-elles les piliers du succès ? Parce qu'elles sont le fondement sur lequel repose toute réalisation. Sans persévérance, vous abandonnez à la première difficulté. Sans résilience, vous êtes écrasé par le premier obstacle majeur. Visualisez votre plus grand rêve. Maintenant, imaginez tout ce qui pourrait se dresser entre vous et ce rêve. Seules la persévérance et la résilience vous permettront de franchir ces barrières et de concrétiser vos aspirations.

Prenez l'exemple de Nelson Mandela. Ce n'est pas un homme ordinaire. Mandela a passé 27 ans en prison sous un régime d'apartheid impitoyable. Pendant cette période, il aurait pu céder à la colère ou au désespoir. Mais non, il a utilisé ces années de détention comme terrain d'entraînement pour sa force intérieure. Il a transformé chaque jour de souffrance en un pas vers une vision plus grande, forgeant une résilience qui allait changer l'histoire.

À sa libération, Mandela ne cherchait pas à se

venger. Non. Il est sorti avec une détermination inébranlable pour promouvoir la réconciliation et la paix. Son leadership a transcendé la douleur personnelle pour se concentrer sur un objectif plus grand : unifier son pays déchiré. Mandela est la preuve vivante que la persévérance et la résilience ne sont pas seulement des qualités admirables, mais des forces capables de transformer le monde.

Maintenant, imaginez-vous à la place de Mandela. Vous faites face à des défis immenses, des revers répétés et des moments de doute. Mais au lieu de vous laisser abattre, vous profitez de ces épreuves pour vous renforcer. Vous vous relevez chute après chute, en utilisant vos échecs comme tremplins vers la réussite. C'est cette même persévérance et résilience qui vous propulseront au-delà des obstacles que vous rencontrerez.

Êtes-vous prêt à embrasser cette attitude ? Êtes-vous prêt à transformer chaque difficulté en opportunité et chaque revers en leçon ? La persévérance et la résilience sont vos alliées les plus puissantes dans la quête de vos objectifs. Utilisez-les pour forger votre propre route, surmonter les défis et réaliser vos rêves. Le chemin ne sera pas facile, mais c'est cette force intérieure qui vous guidera vers le succès que vous méritez.

2 Stratégies pour cultiver la

Persévérance et la Résilience

Changer de mentalité : comment élever Vos Capacités

Changer de mentalité, c'est quitter votre zone de confort. C'est une révolte contre la stagnation, un appel à croire, de manière indéfectible, que vos capacités ne sont pas figées. Elles peuvent être façonnées, améliorées et élargies par le travail acharné, la discipline, et une quête incessante de savoir. Chaque défi que vous rencontrez n'est pas une barrière infranchissable ; c'est une chance de forger de nouvelles compétences.

Ne vous arrêtez pas à « Je ne peux pas le faire. » Passez à « Je ne peux pas le faire encore, mais je suis prêt à me battre jusqu'à ce que j'y arrive. » Abandonnez le « Je n'ai pas le temps pour ça. » Remplacez-le par « Je n'ai peut-être pas beaucoup de temps, mais chaque minute que j'ai sera consacrée à avancer. » Les défis ne sont pas des menaces ; ce sont des opportunités déguisées, des occasions en or pour vous renforcer et grandir.

Prenez l'exemple de l'élève qui échoue à un examen. Au lieu de se laisser abattre, il décide de comprendre ses fautes, de redoubler d'efforts, et de retenter sa chance. Chaque échec devient une occasion de se perfectionner, de se renforcer, d'élever ses compétences. Vous êtes prêt à transformer vos erreurs en leçons puissantes et à utiliser chaque revers comme un tremplin pour aller plus loin ?

Ce n'est pas facile. Cela exige du courage, une détermination de fer, et une volonté inébranlable de voir au-delà des difficultés immédiates. Une mentalité de croissance transforme chaque obstacle en champ de bataille où vous affrontez les défis et les dominez. Chaque petite victoire, chaque leçon apprise, vous rend plus fort, plus résilient.

Êtes-vous prêt à adopter cette mentalité ? Êtes-vous paré à voir chaque épreuve comme une chance de vous surpasser et de devenir plus grand qu'hier ? L'esprit de croissance est votre allié le plus puissant. Utilisez-la pour convertir chaque difficulté en victoire, chaque échec en leçon, et chaque jour en une nouvelle opportunité de vous rapprocher de vos objectifs. C'est cette force mentale qui vous propulsera au-delà des limites que vous avez définies pour vous-même.

Fixez-vous des Objectifs réalistes et progressifs

Fixer des objectifs clairs, réalistes et progressifs, c'est transformer des rêves énormes en plans d'action. Vous ne pouvez pas simplement dire « Je veux réussir » et espérer que ça arrive. Non, vous devez démolir ce rêve en morceaux tangibles, en étapes spécifiques et en ambitions quotidiennes. Vous devez identifier chaque infime victoire, chaque moindre preuve, et célébrer ces réussites, même les plus infinitésimaux. Qu'est-ce que vous avez comme grand projet en tête ? Quels petits pas allez-vous entamer dès aujourd'hui ?

Imaginez un écrivain avec le rêve de publier un livre. Il ne se contente pas de songer au produit fini ; il décompose son objectif en tâches réalisables. Chaque jour, il se fixe une ambition précise, comme coucher sur le papier un certain nombre de mots. Chaque chapitre complété est une victoire en soi. En célébrant ces petites réussites, il maintient sa motivation, fait des progrès constants et avance vers son but.

Votre grand objectif est-il si lointain qu'il semble insurmontable ? Décomposez-le. Identifiez les étapes nécessaires pour atteindre ce but, et commencez à les franchir une par une. Chaque petit pas vous rapproche du sommet. Vous êtes prêt à transformer vos rêves en réalité, pas par de vagues ambitions, mais par des actions précises et quotidiennes.

La clé, c'est de ne pas vous laisser submerger par la grandeur de votre vision. Fixez-vous des étapes claires, concrètes et progressives. Chaque palier franchi est une victoire. Célébrez-la ! Chaque succès est une preuve que vous êtes sur la bonne voie. Le chemin peut sembler long, mais chaque petit pas compte. Vous allez y arriver. Vous allez transformer vos objectifs en réalités, une étape à la fois.

Il n'y a pas de place pour le doute ici. Vous êtes en train de construire votre succès, brique par brique. Alors, quel est le premier petit pas que vous allez faire aujourd'hui pour vous rapprocher de vos grands objectifs ?

Développer une Routine quotidienne

Les routines quotidiennes sont l'épine dorsale de la discipline. Ancrez vos efforts dans des habitudes régulières qui transforment vos actions en réflexes automatiques. Vous lever à 5 heures du matin pour travailler sur vos projets peut sembler impossible au début, mais avec le temps, cela devient une arme puissante dans votre arsenal. Vous cherchez à atteindre vos objectifs ? Alors, commencez par établir une routine solide.

Imaginez un musicien qui se lève à l'aube chaque jour pour pratiquer son instrument. Ce n'est pas la passion qui le tire du lit à cette heure-là, mais la discipline. Chaque matin, il améliore ses compétences, et à force de répétition, il devient un maître de son art. Quelle routine pouvez-vous instaurer pour progresser chaque journée vers vos rêves ?

Prenons l'exemple de Tim Ferriss, un auteur à succès et entrepreneur qui doit sa réussite à ses habitudes rigoureuses. Ferriss, dans son livre *La semaine de 4 heures* et ses podcasts, partage ses routines. Il se lève souvent avant le lever du soleil, consacrant les premières heures de la journée à des tâches cruciales, loin des distractions. Pour lui, ces heures matinales sont sacro-saintes, dédiées à l'écriture, à la réflexion et à la planification. Ce rituel matinal lui permet de maintenir une productivité maximale et d'avancer significativement dans ses projets.

Imaginez-vous à la place de Tim Ferriss. Chaque matinée, avant que le monde ne se réveille, vous vous attaquez à vos tâches les plus importantes. Au début, c'est dur, mais vous vous accrochez. Rapidement, cela évolue vers une seconde nature, et vous commencez à observer les fruits de votre travail acharné. Cette routine matinale devient votre tremplin vers des résultats concrets. Vous pouvez aussi appliquer une routine similaire pour voir des améliorations significatives dans vos projets et objectifs.

Ce que j'essaie de vous expliquer, c'est qu'il ne s'agit pas uniquement de se lever à 5 heures du matin. Il s'agit de trouver le moment de la journée où vous êtes le plus efficace et de le consacrer à vos objectifs. Peut-être êtes-vous plus efficace en soirée, ou peut-être avez-vous une pause déjeuner que vous pouvez utiliser de manière productive ? L'essentiel est de découvrir votre moment optimal et de le protéger comme une forteresse. Faites-en une habitude non négociable.

Alors, êtes-vous prêt à structurer vos journées

pour maximiser votre potentiel ? Fixez vos horaires, définissez vos priorités et attaquez chaque jour avec une routine implacable. C'est cette constance, cette discipline quotidienne qui vous propulsera vers vos rêves. Vous ne verrez pas les résultats tout de suite, mais chaque jour, vous vous rapprochez un peu plus de vos objectifs. Créez cette routine, maintenez-la et regardez votre vie se transformer.

Se reposer et prendre soin de soi

La persévérance et la résilience ne signifient pas se brûler à la tâche. En fait, la clé pour maintenir ces qualités sur le long terme réside dans la capacité à prendre soin de soi. Il est essentiel de dormir suffisamment (7 ou 8 heures), de manger sainement, de faire du sport et de prendre des pauses régulières. Votre corps et votre esprit sont vos alliés les plus précieux dans la quête de vos objectifs.

Imaginez que vous êtes à la tête d'une société en pleine expansion. Vous travaillez sans relâche, prenant des décisions importantes et affrontant des défis quotidiens. Vous pouvez faire preuve d'une persévérance et d'une résilience admirables, mais si vous négligez votre bien-être, vous risquez de vous épuiser avant même d'atteindre vos objectifs. De la même manière qu'un sportif doit veiller à son équilibre physique et mental pour exceller au mieux, un entrepreneur doit aussi prendre soin de sa santé pour maintenir une productivité et une créativité optimales.

Prenons l'exemple de Richard Branson, le fondateur de Virgin Group. Branson est connu pour son énergie débordante et son engagement envers ses nombreuses entreprises. Cependant, il est également conscient de l'importance de prendre soin de soi. Malgré son emploi du temps chargé et ses innombrables responsabilités, Branson a toujours placé la santé et le bien-être au cœur de sa routine.

Il est notoire pour ses activités physiques régulières, telles que le kitesurf ou ses aventures extrêmes comme traverser les océans en ballon. Ces moments ne sont pas simplement des loisirs ; ils sont essentiels pour maintenir son niveau d'énergie et sa créativité. Branson utilise ces activités pour se déstresser, rester en forme et aborder ses projets avec une nouvelle perspective.

Branson met également l'accent sur l'importance de déconnecter du travail. Il prend régulièrement des vacances pour se ressourcer et passer du temps avec sa famille. Ces périodes de repos lui permettent de revenir à ses affaires avec une nouvelle vigueur et une clarté mentale renouvelée. Sa capacité à équilibrer boulot intense et soins personnels illustre bien comment un entrepreneur peut atteindre le succès tout en préservant son bien-être.

En prenant exemple sur Richard Branson, vous pouvez voir que le succès ne vient pas uniquement de la persévérance et de la résilience, mais aussi de l'équilibre que vous maintenez dans votre vie. Prendre soin de vous est indispensable pour conserver l'énergie et la créativité nécessaires pour atteindre vos objectifs à long terme. En fin de compte, un esprit sain dans un corps sain est la formule gagnante pour surmonter les obstacles, relever les défis et exceller dans tout ce que vous entreprenez.

Apprendre de Vos Échecs

Chaque échec est une leçon déguisée. C'est dans ces moments-là que vous découvrez de quoi vous êtes réellement capable. Prenez le temps de réfléchir à ce qui n'a pas fonctionné et comment vous pouvez vous améliorer. Le revers n'est pas la fin, c'est un tremplin vers le succès. Pensez à une fois où une raclée vous a en définitive conduit à une réussite majeure.

Un excellent exemple de cette perspective est l'histoire de Walt Disney. Vous avez peut-être entendu dire que Walt Disney a vécu des échecs importants avant de fonder l'empire que nous connaissons aujourd'hui. L'un des fiascos les plus marquants a été lorsqu'il a été licencié de son travail en tant que journaliste, avec pour motif un prétendu « manque de créativité ». Imaginez la déception et le découragement qu'il a dû ressentir à ce moment-là. Pourtant, loin de se laisser abattre, Disney a transformé cet échec en un puissant moteur de détermination.

Plutôt que de se laisser définir par cette défaite, Walt Disney a continué à poursuivre ses rêves. Il a fondé plusieurs entreprises qui ont échoué avant de réussir à créer le studio Disney. Chaque échec a été pour lui une occasion d'apprendre et d'affiner sa vision. Il a retenu les erreurs de ses premiers projets pour mieux structurer ses idées et innover dans l'animation. C'est cette persévérance et cette capacité à transformer les fiascos en opportunités qui ont conduit à la fondation de l'un des plus grands noms du divertissement mondial.

Imaginez-vous à la place de Walt Disney. Vous venez de subir un échec cuisant, on vous dit que vous n'êtes pas à la hauteur. Ce serait facile de céder au doute et de renoncer. Mais vous ne faites pas partie de ceux qui abandonnent. Vous utilisez cet échec comme une source de motivation, une raison de vous battre encore plus fort. Vous vous relevez, vous apprenez de vos erreurs et vous vous lancez à nouveau, déterminé à prouver que vos détracteurs ont tort.

Chaque échec est une opportunité déguisée. C'est une chance de vous améliorer, de grandir et de devenir plus fort. Ne laissez jamais un revers vous définir. Utilisez-le comme carburant pour alimenter votre feu intérieur. Analysez ce qui n'a pas marché, ajustez votre approche et attaquez de nouveau avec une nouvelle vigueur. La route vers le succès est pavée d'échecs. Ceux qui réussissent ne sont pas ceux qui n'échouent jamais, mais ceux qui n'abandonnent jamais.

Levez-vous, apprenez, et avancez. C'est ainsi que vous deviendrez inarrêtable.

3 Histoires inspirantes

Michel-Edouard Leclerc : De l'Entreprise Familiale à l'empire de la Grande Distribution
Michel-Edouard Leclerc, ce nom est synonyme de résilience, d'innovation, et de persévérance. Vous voyez, il n'a pas simplement hérité du magasin de son père. Non, Michel-Edouard a pris le flambeau et l'a transformé en un véritable empire de la grande distribution. Et croyez-moi, cela n'a pas été un chemin pavé de roses. Mais chaque obstacle, chaque défi, il les a affrontés de front, avec une détermination sans faille.

Revenons en arrière. En 1949, son père, Édouard Leclerc, fonde le premier magasin E.Leclerc à Landerneau, en Bretagne. Ce magasin était plus qu'une simple boutique ; c'était une révolution. Édouard Leclerc voulait démocratiser l'accès aux produits en pratiquant des prix bas, défiant ainsi les normes de l'époque. C'était un combat contre les monopoles et les prix exorbitants. Et c'est cet esprit de rébellion et de transformation que Michel-Edouard a hérité.

Quand Michel-Edouard a pris les rênes, il savait que maintenir l'héritage de son père ne serait pas suffisant. Il devait le dépoussiérer, le faire évoluer et surtout, le rendre adaptable aux défis du marché moderne. Et cela signifiait affronter de nombreux obstacles, de la concurrence féroce aux changements technologiques rapides.

Michel-Edouard Leclerc n'a pas seulement dirigé une entreprise ; il a mené une révolution silencieuse dans la grande distribution. Il a réalisé que pour rester compétitif, il devait embrasser l'innovation. Il a introduit des concepts novateurs comme les MDD (Marque de Distributeur), les drives, et les espaces culturels. Chaque initiative était un pari risqué, mais nécessaire pour rester en tête.

Imaginez-vous à sa place : chaque jour, des décisions critiques à prendre, chaque erreur peut-être fatale pour l'entreprise. Mais Michel-Edouard n'a jamais reculé. Il a appris de chaque échec, s'est adapté, et a continuellement cherché à améliorer l'expérience client. Il n'a pas simplement suivi les tendances ; il les a créées.

Sous la direction de Michel-Edouard, E.Leclerc n'a jamais perdu de vue ses valeurs fondatrices. Il a toujours mis l'accent sur la proximité avec les consommateurs. Il a compris que pour gagner la fidélité de ses clients, il devait rester proche de leurs besoins et de leurs attentes. Il a encouragé une culture d'entreprise axée sur l'écoute et la réactivité.

La stratégie d'E.Leclerc a toujours été d'offrir des produits de qualité à des prix accessibles. Michel-Edouard a su naviguer dans les eaux tumultueuses de la grande distribution tout en restant fidèle à cette mission. Il a investi dans des initiatives écologiques bien avant que cela ne devienne une tendance, montrant ainsi son engagement envers une consommation responsable.

Son parcours est un exemple vivant de ce que signifient vraiment la persévérance et la résilience. Chaque défi qu'il a rencontré a été une occasion de se renforcer, d'apprendre et de s'adapter. Il n'a jamais permis aux échecs de le définir. Au contraire, il a utilisé chaque revers comme tremplin vers de plus grandes réalisations.

Il est possible que vous soyez actuellement face à vos propres défis. Inspirez-vous du parcours de Michel-Edouard Leclerc. Affrontez vos obstacles avec détermination. Utilisez chaque échec comme une leçon précieuse. Et surtout, n'oubliez jamais pourquoi vous avez commencé. Restez fidèle à vos valeurs, innovez, adaptez-vous, et avancez sans relâche vers vos objectifs.

En fin de compte, c'est cette combinaison

de vision, de résilience et d'innovation qui transforme les rêves en réalité. Et c'est exactement ce que Michel-Edouard Leclerc a accompli, en métamorphosant une entreprise familiale en un empire de la grande distribution. Soyez inspiré par son parcours et appliquez ces leçons à votre propre vie. Vous avez le pouvoir de surmonter n'importe quel obstacle et de réaliser vos plus grosses ambitions.

Elon Musk : L'Ascension d'un visionnaire inébranlable

Quand on parle d'Elon Musk, on parle d'un homme qui a défié toutes les attentes, un gars qui a transformé les obstacles en occasions et les échecs en tremplins. Le parcours de Musk est une leçon magistrale de ce que signifie être vraiment déterminé. Ce n'est pas une histoire de succès sans effort, mais de lutte acharnée, de dévouement sans faille, et de résilience à toute épreuve.

Imaginez un instant Elon Musk au début des années 2000, après la vente de PayPal. Il aurait pu choisir la voie de la tranquillité, profiter de sa richesse et se retirer dans le confort. Mais non, Musk avait un plan plus audacieux. Il a investi ses millions dans des projets qui semblaient complètement fous : SpaceX, Tesla, et plus tard, Neuralink et The Boring Company. On ne parle pas de simples obstacles ; on parle de défis titanesques.

Prenons SpaceX. En 2008, Musk est confronté à une série d'échecs spectaculaires. Les premières fusées Falcon 1 ont explosé, un coup sévère à son rêve d'un avenir spatial. Ses investisseurs étaient sur le point de se retirer, ses propres ressources financières s'amenuisaient. Il aurait été facile de jeter l'éponge, d'abandonner un fantasme qui semblait insurmontable. Mais Musk, au lieu de cela, a pris une profonde inspiration et a continué à se battre. Il a réinjecté ses derniers fonds personnels, a réajusté sa stratégie et a persévéré. La quatrième tentative a été un succès monumental. Ce n'était pas simplement une victoire pour SpaceX ; c'était un message puissant à tous ceux qui croient que les échecs sont des fins en soi : c'est tout bonnement une étape supplémentaire dans son ascension.

Et puis, il y a Tesla. Pensez à la situation en 2008 : Tesla est au bord de la faillite, et la crise financière mondiale frappe. Les critiques sont omniprésentes. Les gens disent que les voitures électriques ne sont qu'un rêve, que Musk est un idéaliste sans espoir. Mais Musk, lui, voit une opportunité, un champ de bataille où il peut prouver que l'innovation est plus forte que les obstacles. Il a continué à avancer, à investir dans la recherche, à pousser ses équipes au-delà des limites pour créer des véhicules électriques qui changeraient l'industrie. Aujourd'hui, Tesla est une révolution mondiale dans la mobilité durable.

Musk a aussi voulu repousser les frontières de la technologie et de l'exploration humaine. Avec Neuralink, il rêve de connecter l'esprit humain aux machines. Ce n'est pas juste un autre projet ; c'est une vision audacieuse qui défie les limites de la science et de l'ingénierie. Musk se lance dans des territoires inconnus avec une détermination féroce, malgré les critiques et le scepticisme.

La leçon à tirer de la vie d'Elon Musk est claire : quand vous vous retrouvez face à des échecs, lorsque le monde semble dire que c'est impossible, vous devez vous lever, continuer à avancer et traiter chaque obstacle en une opportunité. Musk n'a pas simplement franchi les difficultés ; il les a transformés en tremplins pour explorer de nouveaux horizons. Chaque défaite a été une étape sur le chemin du succès, chaque critique une source de motivation.

Et vous, où en êtes-vous ? Quand les obstacles se dressent devant vous, êtes-vous prêt à les affronter avec la même détermination qu'Elon Musk ? Prenez un moment pour réfléchir à la manière dont vous pouvez transformer vos propres défis en victoires. Comme Musk l'a prouvé, il ne s'agit pas seulement de rêver grand, mais de se battre encore et encore jusqu'à ce que vos ambitions deviennent réalité. Vous avez en vous cette force, ce courage. Maintenant, il est temps de le libérer de vos chaînes et de triompher de vos batailles personnelles.

Christian Dior : De l'ombre à la Lumière, une réinvention incessante

Christian Dior n'a pas simplement changé le monde de la mode ; il a fait éclater les limites de ce que nous pensions possible. Le type de succès que Dior a atteint ne se fait pas en se contentant du minimum, il se construit sur la volonté de surmonter les épreuves et de transformer chaque obstacle en une opportunité.

Dior est né dans une famille modeste en 1905, dans un monde où les rêves de grandeur semblaient souvent hors de portée. Son père, propriétaire de magasins de jardinage, ne partageait pas la passion de son fils pour les arts. Christian, lui, avait un feu intérieur, une détermination brute pour réussir dans un domaine qui n'était pas encore prêt à l'accepter. Dès ses débuts, il a dû se battre contre le scepticisme et les critiques, généralement cachés sous l'apparence d'opportunités manquées et d'échecs temporaires.

Avant de se faire un nom dans le monde du luxe, Dior était dessinateur. Il a commencé avec une modeste carrière, jetant des croquis et des esquisses sans garantie de succès. Puis est survenue la Seconde Guerre mondiale, et avec elle, un bouleversement total du milieu de la mode. Quand les temps sont durs, il y a ceux qui se laissent abattre et ceux qui se battent pour renaître de leurs cendres. Christian Dior a choisi le combat.

En 1947, il a lancé la collection « New Look ». Ce n'était pas juste une nouvelle ligne de vêtements ; c'était une révolution. Le monde était fatigué de la guerre, des restrictions et des privations. Dior a jeté un pont entre un passé tourmenté et un avenir brillant. Il a redéfini l'élégance féminine avec des jupes volumineuses, des tailles cintrées et un luxe opulent. Ce ne fut pas seulement un coup de maître en matière de mode ; c'était un acte de résilience pure, un défi lancé aux conventions établies. Les critiques étaient là, furieuses de ce bouleversement, mais Dior a pris chaque zoïle, chaque attaque, comme carburant pour avancer.

Les défis étaient partout. Il a dû faire face à des attentes démesurées, à des attaques acerbes et à une industrie qui ne lui faisait pas toujours confiance. Mais Dior n'a jamais laissé ces obstacles le dérouter. Au lieu de se laisser submerger, il a utilisé chaque difficulté pour se renforcer. Il a transformé chaque critique en une opportunité pour se perfectionner, chaque échec en une leçon précieuse pour se propulser plus haut.

Ce n'était pas simplement une question de créer des vêtements. Dior a refaçonné l'industrie, a redéfini ce qu'était le luxe. Son nom est devenu synonyme de sophistication, de beauté, de style intemporel. Et il n'a pas fait tout cela en se contentant de ce qui était facile. Il a su se battre, persévérer et rester fidèle à sa vision, peu importe les vents contraires.

Dior est l'incarnation de ce que signifie aller au-delà des limites. Il a pris une vision, a affronté les obstacles, a résisté aux critiques, et a transformé ses défis en des opportunités de créer quelque chose de véritablement monumental. Son parcours est un rappel puissant que chaque difficulté est une chance déguisée de se réinventer, de se battre et de réaliser des choses qui semblaient impossibles.

Alors, quand vous vous trouvez face à des obstacles, souvenez-vous aussi de Christian Dior. Utilisez chaque difficulté comme un tremplin pour vous propulser vers vos propres sommets. Embrassez vos défis, transformez-les en opportunités, et montrez au monde que vous êtes prêt à tout pour atteindre vos objectifs.

Conclusion du Chapitre 1 :
Persévérance et Résilience :
Les Clés de la Réussite

Alors que vous arrivez à la fin de ce chapitre, laissez-moi vous poser une question : êtes-vous prêt à vous battre jusqu'au bout, malgré les tempêtes et les montagnes qui se dresseront devant vous ? La persévérance et la résilience ne sont pas des concepts abstraits. Ce sont des forces internes qui vous poussent à avancer même quand chaque fibre de votre être crie pour abandonner. Vous venez de découvrir ce que signifie vraiment ces qualités, comment elles se manifestent, et surtout, comment vous pouvez les appliquer à votre propre quête.

Chaque défi que vous rencontrerez sur votre chemin n'est pas un obstacle, mais une occasion. Une opportunité de vous forger, de vous renforcer et de démontrer votre détermination. Les histoires de Michel-Edouard Leclerc, d'Elon Musk et de Christian Dior ne sont pas là pour vous éblouir, mais pour vous rappeler une vérité fondamentale : la réussite ne vient pas en se contentant des choses faciles. Elle émerge de la sueur, de la douleur et des luttes incessantes.

Michel-Edouard Leclerc a pris une entreprise familiale et l'a transformée en un titan de la grande distribution, malgré les enjeux économiques et les critiques. Elon Musk a défié les lois de la gravité, non seulement en matière de technologie, mais aussi dans l'esprit des hommes et femmes de ce monde. Christian Dior a redéfini la mode avec une vision audacieuse et une détermination inébranlable, en dépit d'une époque pleine de restrictions.

Ces hommes n'ont pas simplement surmonté leurs

défis. Ils ont pris chaque coup, chaque obstacle, chaque défaite, et les ont transformés en force motrice pour leur succès. C'est cette capacité à voir au-delà de la douleur et de l'échec, à utiliser chaque difficulté comme un tremplin, qui les a propulsés vers de nouveaux sommets.

Vous êtes maintenant armé de stratégies pour cultiver la persévérance et la résilience. Vous avez les outils pour changer votre mentalité, fixer des objectifs clairs, développer des routines puissantes, prendre soin de vous et apprendre de vos échecs. Il est temps d'agir. Les défis ne vont pas disparaître. La vie va continuer à vous tester, à vous pousser jusqu'à vos limites. Mais chaque fois que vous vous sentez abattu, rappelez-vous : vous avez le pouvoir de transformer chaque revers en une victoire.

La route sera difficile, mais ce sont ces moments compliqués qui vous forgeront. N'oubliez jamais que vous êtes capable de bien plus que ce que vous imaginez. La persévérance et la résilience sont vos alliées dans cette quête. Elles sont la clé pour briser les barrières, franchir les obstacles, et atteindre des sommets que vous n'auriez jamais cru possibles. Alors, levez-vous, affrontez vos défis, et montrez au monde de quoi vous êtes vraiment fait. Vous avez ce qu'il faut. Vous êtes prêt. Maintenant, allez-y et faites-le.

Vous voilà maintenant armé d'outils essentiels

pour affronter la vie avec une persévérance implacable et une résilience à toute épreuve. Mais ne vous méprenez pas : ce chapitre n'est pas une simple feuille de route. C'est un appel à l'action, un cri de guerre pour vous préparer à braver les tempêtes les plus violentes et les montagnes les plus abruptes qui se dresseront sur votre chemin.

Identifiez un Objectif de Long Terme

Vous avez choisi votre but, cet objectif ambitieux qui brûle en vous comme une flamme inextinguible. Ce n'est pas un rêve fragile ; c'est une mission qui exige votre engagement total. Prenez un papier et écrivez ce but. Détaillez chaque étape, chaque action nécessaire pour y parvenir. Ce n'est pas un simple exercice. C'est une déclaration de guerre contre l'incertitude et l'échec. Rédigez cette lettre à vous-même. Décrivez votre objectif, pourquoi il est vital, et les défis qui se dresseront devant vous. Vous devez voir ces obstacles non pas comme des barrières, mais comme des terrains d'entraînement pour forger votre détermination.

Créez un Plan de Persévérance

Il est facile de se sentir motivé au début, quand l'excitation est à son comble. Mais la véritable force réside dans la capacité à maintenir le cap lorsque le fondement s'effrite et que les difficultés surgissent. Créez un plan de persévérance. Dressez une liste de stratégies pour rester sur la voie, même si tout semble vouloir vous faire tomber. Fixez des objectifs intermédiaires. Trouvez du soutien. Accordez-vous des récompenses. Préparez-vous à affronter les échecs non pas comme des défaites, mais comme des opportunités déguisées. Vous devez être prêt à vous battre à chaque étape, à chaque instant, pour garder le cap et avancer malgré les tempêtes.

Analysez un échec passé

L'échec n'est pas la fin du monde. C'est une occasion de se reconstruire, de se renforcer et de revenir plus fort. Regardez en arrière sur les moments où vous avez échoué. Quels sont les enseignements que vous en avez tirés ? Comment avez-vous réagi ? La débâcle ne détermine pas qui vous êtes ; il définit ce que vous êtes prêt à devenir. Écrivez une réflexion sur cet échec, détaillez comment vous avez réagi, ce que vous avez appris, et comment cela vous a forgé. Transformez chaque revers en un tremplin vers une meilleure version de vous-même.

Établissez une Routine de Résilience

La résilience ne se construit pas en un jour.

Elle se forge dans les habitudes quotidiennes, les petites actions répétées encore et encore. Créez une routine de résilience. Intégrez des moments de réflexion, de l'exercice physique, et des temps de lecture dans votre journée. Engagez-vous à suivre cette routine avec une discipline inébranlable pendant au moins un mois. Observez les changements. Ressentez la force nouvelle qui se construit en vous. Ne vous contentez pas de survivre ; utilisez chaque journée pour devenir plus fort, plus résistant, plus implacable.

Célébrez Vos Petites Victoires

Chaque victoire, même minime, est une étape vers votre objectif. Ne vous concentrez pas uniquement sur les grandes réalisations. Célébrez chaque infime succès, chaque progrès, chaque avancée. Tenez un journal de vos réussites. Notez vos accomplissements quotidiens. Révisez régulièrement ce journal pour voir vos progressions et rester motivé. Vous devez comprendre que chaque petit pas, chaque mince victoire, est un passage de plus vers votre but. Ne sous-estimez jamais la puissance des modestes gains. Elles construisent le chemin vers les grands triomphes.

Chaque exercice est une pierre de plus dans l'édifice de votre réussite. Ils sont conçus pour vous forger, vous préparer et vous propulser au-delà de vos limites. Rappelez-vous : la persévérance et la résilience ne sont pas des traits de caractère innés. Elles se construisent, se développent et se renforcent avec chaque défi, chaque échec, chaque victoire.

L'élément clé pour transformer ces stratégies en succès est votre engagement total. Vous devez être prêt à vous battre, à souffrir, à vous relever et à avancer, quoi qu'il arrive. La route ne sera pas simple, mais c'est ce que vous faites lorsqu'il n'y a pas de voie facile qui définit votre vraie force. Continuez à progresser, à briser vos barrières, et à forger votre propre chemin. C'est ainsi que vous transformerez les défis en triomphes et les échecs en réussites. Continuez à pousser, à vous battre, et à réaliser l'impossible. Vous êtes maintenant prêt à gravir la montagne, à braver les limites, et à atteindre de nouveaux sommets.

« Comment se débarrasser de la douleur ? Vous ne vous en débarrassez pas. Vous vous autorisez à la ressentir, le corps déplace l'énergie pour survivre. Une fois que vous l'avez comprise, vous en faites votre amie pour qu'elle vous donne une leçon plutôt que de vous blesser. Ensuite, vous grandissez. La douleur est un inconvénient nécessaire ! » MindsetFr

CHAPITRE 2 : LA DISCIPLINE

La discipline, c'est le ciment qui maintient ensemble les briques de vos ambitions. Elle n'est pas une simple habitude, mais une force qui vous pousse à rester concentré et à maintenir un effort constant, même lorsque la motivation faiblit. C'est le point le plus crucial. Pour réussir en tant que Sales, il ne suffit pas de rêver ou de vouloir atteindre ses objectifs ; il faut aussi une rigueur quotidienne, une ténacité inébranlable pour transformer ces rêves en réalité.

Imaginez-vous au début de votre carrière. Tout est nouveau, excitant. Vous avez une vision claire de ce que vous voulez accomplir. Mais bientôt, les défis commencent à apparaître. Les prospects ne répondent pas, les présentations échouent, les quotas ne sont pas atteints. C'est là que la discipline entre en jeu. C'est cette force indomptable qui vous fait continuer, jour après jour, même lorsque les résultats tardent à venir. Pouvez-vous imaginer vous lever chaque matin avec la même détermination, quelle que soit la difficulté de la journée à venir ?

La discipline, c'est se lever le matin, même quand votre corps vous supplie de rester au lit. C'est faire ce qu'il faut, non pas parce que vous en avez envie, mais parce que vous savez que c'est nécessaire. C'est cette voix intérieure qui dit : « Encore une fois », quand tout le reste en vous crie d'abandonner.

Alors que je rédige ces lignes, les Jeux olympiques de Paris 2024 battent leur plein. Prenons donc l'exemple des athlètes qui concourent. Ils n'atteignent pas le sommet de leur sport par accident. Chaque entraînement, chaque répétition est une brique qui construit leur succès. Vous devez traiter vos objectifs de vente de la même manière. Chaque appel, chaque réunion, chaque suivi est une opportunité de renforcer votre discipline et de vous rapprocher de vos ambitions.

Sans discipline, même les plans les plus brillants restent des illusions vides. La discipline transforme ces rêves en actions concrètes, jour après jour. Elle est l'antidote à la procrastination et à l'indécision. Quand vous êtes discipliné, vous ne vous laissez pas distraire par les petites choses. Vous restez concentré sur ce qui compte vraiment.

1 La Discipline : Clé de la Réussite pour un commercial

La discipline n'est pas seulement une habitude, c'est un mode de vie. Elle est cruciale pour les commerciaux, car elle structure leur approche et leur permet de rester concentrés sur leurs objectifs (et d'avoir un pipe toujours garni).

La Prospection régulière

La discipline, c'est ce qui sépare les amateurs des professionnels. Fixer des créneaux de prospection réguliers, une fois par semaine ou même plus souvent est vital. Prenons l'exemple de Karine, une véritable guerrière de la vente dans le secteur de la banque et des assurances. Chaque lundi matin, sans exception, elle consacre deux heures à la prospection de nouveaux clients. Peu importe que sa journée soit bourrée de réunions et de présentations, elle ne déroge jamais à cette règle. Pourquoi ? Parce qu'elle sait que la constance est la clé. Elle comprend que la discipline dans la prospection lui garantit un flux régulier de nouveaux leads, évitant ainsi les périodes de vaches maigres dans ses ventes.

Et vous, avez-vous des créneaux de prospection réguliers ? Peut-être trouvez-vous cela difficile avec un emploi du temps chargé. Mais imaginez un instant l'impact à long terme si vous parvenez à maintenir cette habitude. C'est cette régularité, cette détermination inébranlable qui forge les grands commerciaux. Chaque prospect contacté, chaque appel effectué est une pierre ajoutée à l'édifice de votre succès.

Vous pensez que c'est facile ? Détrompez-vous. La discipline n'est pas une promenade de santé. C'est se lever tôt quand tout votre corps vous dit de rester au lit. C'est réaliser cet appel supplémentaire alors que vous êtes épuisé. C'est écrire ce mail alors que vous avez l'esprit ailleurs. C'est dans ces moments de doute et de fatigue que la discipline fait toute la différence.

Alors, allez-vous rester parmi ceux qui se contentent de rêver, ou allez-vous vous lever chaque jour avec une détermination de fer pour bâtir votre succès ? La discipline, c'est la voie royale. C'est elle qui vous emmènera là où vous voulez aller, une étape à la fois, sans jamais faillir. Soyez comme Karine. Faites de la prospection régulière une partie intégrante de votre routine, et regardez comment cette simple habitude transforme votre carrière et votre vie.

Le Suivi rigoureux des Leads

La discipline, c'est aussi suivre chaque lead de manière rigoureuse. Prenons l'exemple de Marc, un autre commercial dans une entreprise de logiciels SaaS. Il s'assure de personnifier chaque présentation en fonction des besoins spécifiques de chaque client potentiel, mais encore d'animer les temps morts par la méthode dite «DITES» (Démonstration personnalisée, Illustration visuelle [schéma], Témoignage, Exemple : mis en place chez un client, Statistique, Analogie). Marc sait que chaque lead a ses particularités et que comprendre ces nuances peut faire la différence entre une vente réussie et une opportunité manquée.

Marc ne laisse rien au hasard. Chaque soir, avant de quitter le bureau, il plonge dans les détails de ses leads. Il prend des notes, planifie des suivis, et s'assure qu'aucun lead ne se refroidisse. Il sait que cette rigueur est ce qui le distingue. Et les résultats parlent d'eux-mêmes : ses taux de conversion explosent !

Vous pourriez penser que cette discipline exige une énergie démesurée. Mais imaginez les résultats que vous pourriez obtenir en adoptant cette même intensité. C'est là que la vraie différence se fait.

La persistance face au « Non »

La discipline, c'est cette force qui vous pousse à avancer lorsque votre esprit veut abandonner. C'est ce muscle mental qui fait la différence entre ceux qui se contentent de rêvasser et ceux qui transforment leurs rêves en réalité. Pour vraiment, regardons de plus près l'histoire de Joe Girard. Ce nom devrait être gravé dans votre esprit comme un exemple ultime de ce que signifie persévérer face à l'adversité.

Joe Girard, c'est le gars qui a vendu plus de 13 000 voitures en une quinzaine d'années. Imaginez ça. 13 000 véhicules, pas parce qu'il avait un don inné, mais parce qu'il avait une discipline aussi rigide que de l'acier. Ce n'était pas une question de talent ou de chance, mais de mentalité. Et c'est là que réside la leçon. Joe a dû endurer des montagnes de « non » pour obtenir ces milliers de « oui ». Chaque rejet était un coup dur, mais il savait que c'était une étape sur le chemin du succès.

Chaque jour, Joe se fixait des objectifs clairs et non négociables. Il n'attendait pas que l'inspiration frappe à sa porte. Il établissait des cibles précises : combien de clients il devait appeler, combien de suivis il devait faire, combien de nouvelles connexions il devait forger. Cette approche méthodique, cette obsession pour les chiffres, c'était sa manière de rester sur le bon chemin. Les détails de ses objectifs étaient inscrits en grand sur son tableau, et il s'assura que chaque case soit cochée, chaque tâche accomplie.

Le mot « non » ? Pour Joe Girard, c'était comme un coup de vent dans la tempête. Il ne se laissait pas abattre par les refus ; il les utilisait de la même manière que des tremplins. Chaque « nom » était une opportunité déguisée, un pas de plus vers le prochain « oui ». Ce rejet n'était pas une fin en soi, mais une partie intégrante du processus.

Quand les ventes étaient en berne et que les clients semblaient se faire rares, Joe ne se laissait pas dérouter. Il travaillait plus dur, il cherchait plus profondément, il ne relâchait jamais l'effort. Chaque échec était un appel à se battre plus fort. Il savait que le succès ne se mesurait pas à la facilité des tâches, mais à la capacité de continuer à avancer malgré les difficultés.

Vous vous demandez peut-être comment appliquer cette mentalité à vos propres ventes. Voici le défi : quand vous sentez que la fatigue vous gagne et que les rejets commencent à s'accumuler, vous devez puiser dans cette force intérieure. Pensez à Joe Girard. Imaginez-vous faire face à chaque « non » avec la même détermination qu'il avait ? Visualisez que chaque refus est un pas de plus vers votre objectif. Seriez-vous capable de persister avec cette intensité ? De vous lever chaque jour, de remettre les pendules à l'heure, de vous battre pour chaque opportunité, voire lorsque le succès semble hors de portée ?

La discipline, c'est une force implacable, une arme puissante qui vous propulse à travers les tempêtes de la vie professionnelle. Vous avez ce qu'il faut pour faire face aux refus et les transformer en victoire. Le véritable test est de savoir si vous êtes prêt à affronter chaque obstacle avec la même ténacité que Joe Girard. La discipline, la persistance, ce sont les clés pour ouvrir la porte du succès. Le vrai questionnement est : êtes-vous paré à faire le travail nécessaire pour y parvenir ?

2 Histoires inspirantes

Gérard Mulliez — L'architecte de la Grande Distribution
Gérard Mulliez n'a pas seulement révolutionné le paysage de la grande distribution en France ; il a redéfini ce que signifie mener une prospection avec une détermination sans faille. Mulliez a commencé avec une vision simple : créer un supermarché qui offrirait des prix bas et un service impeccable. Mais transformer une idée en empire requiert bien plus que de la vision ; cela exige une prospection incessante, un engagement total et une discipline à toute épreuve.

Dans les années 1960, quand Mulliez a lancé son premier magasin Auchan, il était loin d'être le géant de la distribution que nous connaissons aujourd'hui. Il a dû se battre contre des colosses établis, naviguer dans un marché fragmenté et convaincre des fournisseurs et des clients sceptiques. Chaque étape du chemin était une bataille, et la prospection était au cœur de son plan. Mulliez a mis en place une stratégie de prospection rigoureuse, cherchant sans relâche de nouveaux prestataires et des opportunités de marché. Il a scruté le moindre détail, identifié les besoins non satisfaits et a travaillé d'arrache-pied pour sécuriser des offres qui pourraient capter l'attention des consommateurs.

Ce n'était pas simplement une question d'ouvrir des magasins ; il s'agissait de conquérir des territoires inexplorés et de créer des relations solides avec des partenaires clés. Mulliez a passé des heures à rencontrer des fournisseurs, à négocier des accords, à envisager des emplacements potentiels pour ses magasins. Il a mis en place des processus de prospection qui ne laissaient rien au hasard, en utilisant chaque contact et chaque opportunité pour faire avancer son projet.

Le travail acharné de Mulliez a payé. Grâce à une prospection stratégique et à une persévérance sans relâche, Auchan est devenu l'un des plus grands noms du commerce de détail en France et au-delà. Sa capacité à identifier les besoins, à anticiper les tendances du marché et à bâtir des relations durables avec les fournisseurs a propulsé l'entreprise vers de nouveaux sommets.

Vous vous demandez peut-être comment cela s'applique à vous. Réfléchissez à la manière dont vous pouvez intégrer la même discipline dans votre propre prospection. Voulez-vous atteindre des niveaux de réussite que vous n'avez jamais imaginés ? Engagez-vous à démarcher avec la même intensité que Mulliez. Ne laissez aucune pierre non retournée, ne vous arrêtez jamais de chercher des opportunités, et soyez implacable dans vos efforts.

Gérard Mulliez nous enseigne que la prospection n'est pas juste une étape, c'est une attitude. C'est une quête incessante pour chaque opportunité, une détermination de ne jamais s'arrêter jusqu'à ce que vous ayez atteint vos objectifs. Adoptez cette mentalité. Faites de la prospection votre mission, et regardez comment vos efforts peuvent transformer vos ambitions les plus audacieuses en une réalité triomphante.

Jacques-Antoine Granjon — Le visionnaire du e-commerce

Jacques-Antoine Granjon n'a pas juste ouvert une entreprise ; il a redéfini le paysage du commerce en ligne avec une vision implacable et une détermination inébranlable. Dans les années 2000, l'e-commerce était un territoire vierge, une terre prometteuse, mais encore inexplorée. Granjon l'a vu comme un champ de bataille, un endroit où seuls les plus audacieux et les plus résilients pourraient prospérer.

Au départ, Vente-privee.com (aujourd'hui Veepee) était un rêve fou. Granjon a voulu révolutionner la manière dont les gens achetaient en ligne, mais il devait d'abord convaincre un monde entier que ce rêve valait la peine d'être poursuivi. Chaque journée, il se lançait dans une prospection implacable, se levant tôt et travaillant tard pour persuader des marques sceptiques. C'était une véritable guerre de tranchées, chaque appel, chaque réunion, chaque rencontre était un combat pour la crédibilité et la confiance.

Les obstacles étaient énormes. Les marques hésitaient, les investisseurs étaient sceptiques, et l'idée de la vente événementielle en ligne semblait risquée. Mais Granjon avait un plan. Il savait que pour changer le jeu, il devait être prêt à affronter l'adversité tête haute. Il n'a pas laissé les doutes ou les refus ralentir sa marche. Au lieu de cela, il les a utilisés comme des moteurs, des défis à surmonter.

Il a répété le même processus encore et encore. Chaque rencontre, chaque rejet, chaque échec était une chance de s'améliorer. Il a affiné son argumentaire, renforcé ses stratégies de vente, et léché son approche. La persévérance n'était pas une option; c'était une nécessité. Il a utilisé les critiques et les revers comme des outils pour peaufiner sa tactique et transformer chaque obstacle en opportunité.

Granjon a également compris que la réussite ne venait pas uniquement de la conquête de nouveaux territoires, mais aussi de la capacité à maintenir une présence constante et fiable. Il a mis en place des mécanismes pour garantir que chaque client, chaque marque, chaque prospect soit traité avec le plus grand soin. Il a mis en œuvre une discipline rigoureuse, s'assurant que chaque aspect de son entreprise était aligné avec sa vision.

Aujourd'hui, quand vous regardez Veepee, vous ne voyez pas juste une plateforme de vente en ligne ; vous voyez le fruit d'une persévérance acharnée et d'une vision sans compromis. Les efforts constants de Granjon ont payé. Il a transformé un concept audacieux en une réalité incontournable, prouvant que la détermination et la persistance peuvent briser les barrières les plus solides.

Alors, que pouvez-vous apprendre de l'histoire de Jacques-Antoine Granjon ? Vous devez être prêt à affronter la dure réalité, à faire face aux échecs et à utiliser chaque revers comme une chance de croissance. La prospection n'est pas un simple acte ; c'est une guerre. Vous devez être prêt à vous battre pour chaque lead, chaque opportunité, chaque succès. Si vous êtes déterminé, si vous persévérez malgré les refus et les obstacles, vous pouvez transformer vos rêves les plus fous en une réalité conquérante.

La discipline de Granjon nous montre que, peu importe combien le chemin est difficile, la victoire appartient à ceux qui ont la ténacité de persévérer, de prospecter et de ne jamais abandonner. C'est ce que vous devez faire pour atteindre les sommets que vous vous êtes fixés.

Xavier Niel — Le pionnier des télécoms en France

Xavier Niel ne se contente pas de suivre les règles ; il les réécrit. Ce nom est synonyme de disruption, de ténacité et de succès colossal dans le domaine des télécommunications. Quand vous parlez de Niel, vous parlez d'un homme qui a transformé le secteur des télécoms en France avec une discipline et une détermination hors du commun.

À une époque où le marché des télécoms était dominé par des géants installés, Niel a eu une vision. Une vision audacieuse de casser les codes et de bousculer un secteur saturé. Il a vu une opportunité là où d'autres n'apercevaient que des barrières. Au lieu de jouer selon les règles établies, il a décidé de réinventer la donne. Le résultat ? Free, une entreprise qui a non seulement changé les prix des abonnements, mais aussi la manière dont les gens percevaient les services de télécommunications.

Au début, ce n'était pas facile. Niel a dû faire face à une opposition farouche, du scepticisme, et des défis presque insurmontables. Chaque jour, il était sur le front, effectuant du porte-à-porte, convaincant des clients de prendre un risque, et bouleversant l'ordre établi. Il n'a pas simplement construit une entreprise, il a mené une révolution. Ce ne sont pas seulement les innovations qui ont fait parler de lui, mais aussi la manière dont il a affronté chaque obstacle avec une discipline rigoureuse et une détermination acharnée.

Le processus n'a pas été une promenade de santé. Niel a utilisé chaque échec comme une leçon. Les critiques, les revers, les batailles juridiques — il a pris chaque coup et a répondu avec encore plus de force. Il a travaillé sans relâche, en mettant en œuvre des stratégies minutieuses et en restant concentré sur ses objectifs, même lorsque les temps étaient durs. Il savait que chaque obstacle était une occasion de prouver sa résilience.

L'exemple le plus frappant de sa discipline est la création et le lancement de Free. Il a dû non seulement concevoir des offres révolutionnaires, mais aussi affronter une résistance farouche des acteurs établis. Ce n'était pas simplement une question de lancer un produit, c'était une guerre pour un changement radical. Il a mis en place des stratégies novatrices et a maintenu un cap implacable, quoi qu'il arrive. Il a persévéré, il a innové, et il a imposé sa vision au monde.

La discipline de Niel va bien au-delà des simples horaires de travail ou de la gestion quotidienne ; elle réside dans sa capacité à rester inébranlable face aux défis, à bosser sans relâche pour ses objectifs et à faire avancer ses idées malgré la résistance. Il a transformé chaque obstacle en opportunité, chaque rejet en carburant pour son feu intérieur.

Alors, que pouvez-vous tirer de l'histoire de Xavier Niel ? La réponse est claire : vous devez être prêt à affronter les tempêtes, à résister aux critiques et à rester déterminé, peu importe combien le chemin est semé d'embûches. Le succès ne vient pas à ceux qui suivent les règles, mais à ceux qui ont la discipline et le courage de les réécrire.

Si vous voulez véritablement transformer votre secteur, vous devez adopter l'approche de Niel. Soyez prêt à briser les barrières, à défier le statu quo, et à pousser vos limites comme jamais auparavant. Le chemin sera difficile, les échecs seront nombreux, mais avec la discipline et la persévérance, vous pouvez créer votre propre révolution et atteindre des sommets que vous n'auriez jamais cru possibles.

Conclusion : Discipline et Prospection — La voie de l'Excellence

Écoutez bien, parce que ce que je vais vous dire est crucial. La discipline et la prospection ne sont pas des options. Ce sont des impératifs si vous voulez atteindre des sommets que la majorité des gens n'osent même pas rêver. Vous pouvez fantasmer sur le succès, écrire des plans et visualiser vos objectifs, mais tout ça ne vaut rien sans une discipline implacable et une prospection acharnée.

La discipline, c'est ce qui forge le caractère. C'est se lever chaque matin avec une détermination de fer, sans laisser les excuses ou la fatigue vous ralentir. C'est faire ce qu'il faut faire, même quand personne ne regarde, même quand vous avez l'impression que chaque fibre de votre être crie de laisser tomber. C'est ce feu intérieur qui vous pousse à être plus fort, plus résilient, et à rester concentré sur vos objectifs, jour après jour. La discipline, c'est ce qui fait que vous respectez vos horaires de travail, que vous honorez vos engagements et que vous continuez à avancer même quand les temps sont durs.

Maintenant, la prospection. Vous pouvez avoir toutes les compétences et les stratégies du monde, mais sans démarchage, vous êtes comme un lion dans une cage. Vous devez sortir de cette cage, aller à la chasse et chercher chaque opportunité. La prospection, c'est l'action brute, la prise de contact, l'effort constant pour trouver de nouveaux leads et créer des connexions. C'est le travail acharné qui se cache derrière chaque vente réussie, derrière chaque client satisfait. C'est ce qui transforme les possibilités en résultats concrets.

Prenons exemple sur des géants comme Xavier Niel ou Joe Girard. Ils ont compris que pour atteindre des sommets, il fallait non seulement rêver grand, mais aussi travailler dur avec une discipline inébranlable et une prospection sans relâche. Ils ont su que chaque « non » était une occasion de plus pour affiner leur approche, chaque obstacle une chance de démontrer leur résilience.

Vous voulez réussir ? Alors, il est temps de vous lancer dans l'arène. Fixez-vous des objectifs, travaillez avec une discipline de fer et ne délaissez aucune opportunité. Soyez impitoyable dans votre prospection, sans jamais vous laisser abattre par les échecs ou les obstacles.

Votre succès est entre vos mains. Il n'y a pas de raccourci. Il n'y a pas de formule magique. C'est le résultat d'une discipline implacable et d'une prospection acharnée. Alors, prenez cette leçon à cœur : soyez celui qui ne se contente pas de rêver, mais celui qui agit avec détermination. Si vous avez la discipline pour persévérer et la volonté de démarcher sans relâche, vous êtes sur le point de forger vos réussites à partir de vos ambitions.

Rappelez-vous, chaque étape que vous franchissez, chaque appel que vous passez, chaque objectif que vous atteignez est le résultat de votre propre combat. Et ce combat, vous devez le mener avec une discipline inflexible et une persévérance acharnée. Alors, allez-y, faites-le. Travaillez dur, restez concentré et ne laissez personne ou rien vous arrêter. Vous êtes capable de bien plus que ce que vous imaginez. Prenez cette responsabilité, et faites en sorte que votre succès parle pour vous.

Exercice 1 : Le Défi de la Discipline quotidienne

Objectif : Créer une routine quotidienne que vous respecterez.

Instructions :

1. **Identifiez une tâche ou une habitude** que vous avez toujours voulu intégrer dans votre quotidien, mais que vous avez constamment procrastinée. Ça pourrait être une session d'entraînement, de la prospection, ou même la planification de vos objectifs.
2. **Planifiez cette tâche** à un moment fixe chaque jour ou chaque semaine pendant 30 jours consécutifs. Pas d'excuses. Pas de compromis. Si c'est à 5 rendez-vous à prendre par semaine, vous le faites et vous prenez 5 rendez-vous par semaine.
3. **Consignez vos progrès** chaque jour dans un journal. Notez vos réussites et les moments où vous avez failli. C'est le moment de voir jusqu'où vous pouvez aller quand vous refusez de lâcher prise.

Challenge : Engagez-vous à ne pas manquer une seule journée, une seule semaine. Si vous échouez, recommencez à zéro.

Exercice 2 : Le Combat contre le « Non »

Objectif : Transformer les rejets en impulsion pour la réussite.

Instructions :

1. **Listez 10 prospects ou opportunités** que vous avez hésité à contacter par peur du rejet. Ces personnes ou ces opportunités doivent être celles que vous avez laissées de côté en pensant qu'elles ne méritent pas d'être priorisées dans votre emploi du temps.
2. **Contactez-les tous** en utilisant différentes approches. N'acceptez pas un « non » comme une réponse définitive. Poussez plus loin, explorez des solutions alternatives, et démontrez votre valeur.
3. **Notez chaque réponse**, qu'elle soit positive ou négative. Analysez chaque « non » pour comprendre ce qui a échoué et comment vous pouvez ajuster votre approche.

Challenge : Transformez chaque rejet en une leçon et une nouvelle opportunité. Soyez prêt à entrer dans la bataille chaque fois que vous êtes confronté à un « non ».

Exercice 3 : Le Plan de Guerre des Objectifs

Objectif : Élaborer un plan implacable pour vos objectifs.

Instructions :

1. **Définissez un objectif** que vous voulez atteindre dans les 12 prochains mois. Écrivez-le en détail, en visualisant chaque étape nécessaire pour l'atteindre.
2. **Découpez cet objectif** en sous-objectifs hebdomadaires ou mensuels. Chaque sous-objectif doit être un pas concret vers l'accomplissement de votre objectif principal.
3. **Établissez un calendrier de bataille**. Notez chaque tâche que vous devez accomplir pour chaque sous-objectif. Révisez quotidiennement votre progression et ajustez votre plan si nécessaire.

Challenge : Appliquez une discipline de fer. Chaque semaine, réévaluez votre plan et assurez-vous que vous êtes sur la bonne voie pour atteindre vos objectifs. Ne laissez aucune place à l'échec.

Exercice 4 : Le Journal des victoires

Objectif : Construire une mentalité de victoire constante.

Instructions :

1. **Chaque soir, avant de vous coucher, écrivez dans un journal** toutes les petites victoires et succès de la journée. Peu importe combien ils semblent insignifiants.
2. **Réfléchissez à la manière dont ces petites victoires** contribuent à vos grands objectifs. Chaque petit pas est un pas vers la grande victoire.
3. **Évaluez vos réussites** chaque semaine pour mesurer vos progrès et ajuster votre stratégie si nécessaire.

Challenge : Chaque victoire, aussi petite soit-elle, est un succès contre la stagnation. Soyez fier de chaque étape franchie et utilisez-la comme tremplin vers des réalisations plus grandes.

Exercice 5 : Le Test de Résilience

Objectif : Tester et renforcer votre résilience personnelle.

Instructions :

1. **Choisissez une activité** physique ou mentale difficile que vous redoutez — un entraînement intense, une présentation complexe, ou un challenge personnel.
2. **Affrontez ce défi** avec une intensité et une détermination absolues. Ne vous arrêtez pas avant d'avoir terminé ce que vous avez commencé. Le but est de pousser vos limites au maximum, même si ça fait mal.
3. **Après avoir terminé, évaluez votre performance.** Notez comment vous avez géré la douleur, la fatigue, ou les difficultés. Analysez ce que vous avez appris sur vous-même pendant ce processus.

Challenge : Répétez cet exercice régulièrement. Chaque fois que vous le faites, vous renforcez votre résilience et vous vous rapprochez de votre meilleure version.

Ces exercices ne sont pas là pour vous faire plaisir ou pour vous donner une fausse impression de progrès. Ils sont là pour vous propulser hors de votre zone de confort et vous mettre face à vos limites. Ne vous faites pas d'illusions : ça va être brutal, ça va être exigeant, et ça va demander de la persévérance.

Le vrai changement, celui qui compte, naît de la sueur, du sang, et de la volonté de briser les chaînes qui vous retiennent. Ce n'est pas un parcours pavé de roses. C'est un champ de bataille où chaque obstacle est une opportunité de prouver que vous pouvez surpasser l'impossible. Vous allez devoir lutter contre vous-même, contre les voix qui murmurent pour vous dire d'abandonner, contre la fatigue et le doute.

Vous êtes au bord de quelque chose de grand. Chaque minute que vous consacrez à ces exercices est une déclaration que vous n'allez pas céder. Vous allez briser les barrières et atteindre de nouveaux sommets. Vous êtes prêt à affronter cette bataille ? À vous battre jusqu'à ce que vos limites deviennent obsolètes ? Ce moment est le vôtre. Faites-le briller.

« Le poison le plus dangereux est le sentiment d'accomplissement. L'antidote est de penser tous les soirs à ce qui peut être mieux fait demain. » Ingvard Kamprad — *fondateur d'Ikea.*

CHAPITRE 3 : MÉTHODES DE RECHERCHE DE PROSPECTS ET GESTION DE PIPELINE EN B2B

1. Méthodes de Recherche de Prospects

La recherche de prospects est un art complexe et stratégique qui exige une approche rigoureuse et disciplinée. Ce n'est pas une question de hasard ou de simple talent ; il s'agit de développer une méthode solide, une persévérance constante et une éthique de travail irréprochable. Chaque jour, vous devez vous engager pleinement dans la tâche de découvrir et d'attirer vos prospects, avec la même précision et le même dévouement qu'un artisan. Voici comment vous pouvez maîtriser cette compétence cruciale, surpasser vos concurrents et vous établir comme un leader dans votre domaine.

1. Définissez Vos Cibles

La première étape de la recherche de prospects est de savoir exactement ce que vous cherchez. Ne vous lancez pas dans une aventure comme un explorateur sans carte dans un désert sans fin. Définissez votre cible avec une précision chirurgicale. Utilisez des outils de recherche avancés, exploitez les bases de données d'entreprises, et scrutez les réseaux sociaux de la même manière qu'un détective sur une scène de crime.

Ciblez des entreprises qui ont un besoin spécifique pour ce que vous offrez. Si vous voulez être le meilleur, vous devez comprendre parfaitement le marché, savoir où sont les besoins non satisfaits et aller directement là où vous pouvez faire la différence. Ne laissez aucune place au hasard ou à l'incertitude. Soyez méthodique et implacable.

2. Exploitez les Outils et les Ressources

Les outils de recherche de prospects ne sont pas juste des gadgets ; ce sont vos armes. Utilisez-les et maîtrisez-les. Les plateformes de réseaux sociaux professionnels comme LinkedIn, les bases de données d'entreprises, et les logiciels de CRM doivent être exploités à leur plein potentiel.

Ne vous contentez pas de cliquer sur des profils ou d'ajouter des contacts au hasard. Analysez, évaluez et triez avec une précision militaire. Créez des listes de prospects qui correspondent exactement à vos critères. Automatisez vos processus, mais ne laissez jamais la machine remplacer votre propre vigilance. Vous devez être aussi impliqué que si chaque prospect était une cible essentielle pour votre survie.

3. Personnalisez Chaque Interaction

La personnalisation est cruciale. Vous ne pouvez pas simplement envoyer des emails génériques ou utiliser des scripts préfabriqués. Vous devez traiter chaque prospect comme un individu unique avec des besoins spécifiques. Prenez le temps de comprendre leur situation, leurs défis, et leurs objectifs.

Personnalisez vos messages pour qu'ils résonnent avec chaque prospect. Montrez que vous comprenez leurs problèmes et que vous avez des solutions précises. Votre objectif est de captiver leur attention et de leur démontrer que vous êtes la réponse à leurs besoins. Cette personnalisation ne se fait pas en quelques minutes ; elle demande du temps, de la recherche et un engagement total.

4. Suivi : Ne Laissez pas le Feu S'éteindre

Le suivi est où beaucoup abandonnent. Vous avez fait le premier contact, mais cela ne suffit pas. Planifiez des rappels, envoyez des mises à jour, et restez en relation régulière.

Chaque fois que vous entendez un « non » ou que vous rencontrez une résistance, cela ne signifie pas que vous devez abandonner. C'est un défi à relever. Analysez pourquoi le prospect n'est pas encore prêt et ajustez votre approche. Votre persistance est ce qui vous distingue des autres. Vous devez être prêt à persévérer jusqu'à ce que vous obteniez une réponse.

5. Analysez et ajustez avec une rigueur implacable

Le marché se réinvente, les besoins évoluent, et vous devez être prêt à changer avec lui. Analysez constamment vos méthodes de recherche de prospects. Qu'est-ce qui fonctionne ? Qu'est-ce qui ne fonctionne pas ? Réévaluez vos stratégies et ajustez-les avec la rigueur d'un athlète qui se prépare pour les Jeux olympiques.

La recherche de prospects est une discipline constante. Vous devez évaluer vos succès et vos échecs avec honnêteté. Adaptez-vous rapidement aux nouvelles informations et continuez à affiner vos approches. La discipline n'est pas juste un acte ponctuel ; c'est une habitude, un mode de vie.

2. Outils de Prospection

Logiciels de CRM :

- **Maîtrisez et utilisez les CRM comme Salesforce et HubSpot :** Ces outils ne sont pas des gadgets ; ce sont vos alliés dans la guerre de la prospection. Ils vous permettent d'automatiser la collecte et la gestion des informations de contact, vous donnant ainsi l'avantage de la précision et de la rapidité. Si vous ne les exploitez pas, vous êtes en train de perdre du terrain avant même de commencer.
- **Gestion des contacts :** Organisez vos contacts avec rigueur. Ne laissez pas le chaos s'installer dans vos bases de données. Chaque information doit être triée, chaque détail doit être facilement accessible. C'est ainsi que vous construisez une machine de guerre opérationnelle pour traquer vos prospects.

Outils de Recherche de contacts :

- **LinkedIn Sales Navigator : Le Fusil à Long Terme de la Prospection :** Ce n'est pas un simple outil, c'est votre jumelle pour la chasse. Utilisez-le pour percer à jour des filtres de recherche avancés et pour obtenir des informations pointues sur vos cibles. Ce n'est pas pour les amateurs ; c'est pour ceux qui veulent dominer le terrain.
- **Kaspr, Cognism, Swordfish : Les Armes secrètes de la Recherche :** Ces outils ne sont pas des accessoires de luxe, ce sont des éléments essentiels de votre arsenal. Ils vous permettent de déterrer les coordonnées du contact et de récolter des données critiques sur vos prospects. Utilisez-les pour extraire les contacts pour votre prochaine session de prospection.

Bases de données et listes d'achats :

- **Accédez aux listes comme un chasseur de primes :** acheter des listes de contacts ou accéder à des bases de données spécialisées, c'est la même manière que trouver des munitions pour votre fusil. Assurez-vous que ces listes sont segmentées et adaptées à votre secteur. C'est le carburant dont vous

avez besoin pour alimenter votre machine de prospection.
- **Vérifiez les données comme un inspecteur** : avant de partir en guerre, vérifiez vos informations. Assurez-vous que les coordonnées sont à jour et pertinentes. Ne gaspillez pas votre énergie sur des efforts vains à cause de renseignements obsolètes. Soyez implacable dans votre quête de précision.

3. Techniques de réseautage

Événements et conférences :

- **Participation active : Votre champ de Bataille :** Ce ne sont pas juste des rencontres sociales, c'est votre champ de bataille. Quand vous assistez à des événements de l'industrie, des conférences, ou des salons, vous devez entrer dans la mêlée avec l'intensité d'un soldat prêt à conquérir un territoire. Préparez-vous, et entrez en action dès que vous franchissez la porte. Chaque conversation est une opportunité. N'ayez pas peur de faire le premier pas, de vous démarquer, et de montrer ce que vous avez à offrir. Faites de chaque interaction un moment mémorable.
- **Suivi Post-Événement : La Guerre Continue :** le travail ne s'arrête pas à la fin de l'événement. C'est là que commence la vraie bataille. Suivez les contacts établis

avec des messages personnalisés. Ne vous contentez pas d'un simple « merci » ; offrez de la valeur ajoutée, fixez un prochain rendez-vous, montrez que vous êtes déterminé à transformer ces connexions en relations durables. Chaque message est une balle de plus dans votre arsenal pour conquérir de nouveaux prospects.

Webinaires et ateliers :

- **Organisation et participation : Lancez l'assaut** : ne vous contentez pas de participer ; soyez le stratège derrière l'opération. Organisez des webinaires et des ateliers sur des sujets qui captivent votre public cible. Devenez l'expert que tout le monde veut écouter. Attirez des prospects avec des thèmes pertinents et une présentation percutante. C'est votre terrain de jeu, votre chance de briller, et de montrer votre savoir-faire.
- **Collecte d'informations : Cherchez, Analysez, Conquérez** : pendant ces événements, ne soyez pas passif. Soyez un chasseur. Collectez des indications sur les participants, analysez leurs besoins, et faites des suivis. Utilisez les inscriptions et les interactions comme des indices pour identifier vos prospects potentiels. Transformez chaque donnée recueillie en une opportunité. Ce n'est pas juste un formulaire d'inscription, c'est un point d'entrée vers une nouvelle connexion.

4 Techniques de référence et recommandations

- **Suivi des références : Ne Lâchez jamais la cible :** lorsqu'un client vous recommande, c'est une ouverture précieuse. Ne laissez pas cette opportunité s'évaporer. Assurez un suivi rigoureux et rapide des prospects référencés. Traitez chaque recommandation comme un cadeau de guerre — inestimable et stratégique. Créez un plan de suivi, personnalisez vos communications, et montrez à ces prospects que vous êtes là pour les conquérir. Votre objectif : transformer chaque référence en une victoire éclatante.
- **Échange de Leads : Le Pouvoir du troc :** Utilisez le réseau de vos partenaires pour troquer des leads qualifiés. Ce n'est pas juste une transaction, c'est une stratégie de conquête. Faites des accords clairs sur l'échange de leads et assurez-vous que chaque lead partagé est traité avec le même niveau d'engagement et de persévérance. Vous multipliez ainsi vos chances de succès et étendez votre emprise sur le marché.
- **Témoignages : La Puissance de la preuve :** Demandez à vos clients satisfaits de vous envoyer des témoignages. Rien ne vaut une recommandation authentique pour

convaincre de nouveaux prospects. Utilisez-les sur vos réseaux sociaux, sites web, et campagnes marketing. Chaque témoignage est une preuve tangible de votre valeur.

Conclusion : Transformez Chaque Opportunité en Victoire

Vous venez de parcourir un chapitre qui ne se contente pas de vous donner des outils, mais qui vous offre une stratégie de guerre pour conquérir votre marché. La discipline et la prospection ne sont pas des concepts abstraits ; ce sont vos armes, votre bouclier, votre force intérieure pour transformer chaque opportunité en une victoire éclatante.

La prospection n'est pas une tâche ponctuelle, c'est une mission quotidienne. Vous devez être stratégique et méthodique, en recourant aux meilleurs outils et techniques pour traquer vos cibles. Chaque lead est une occasion de plus pour prouver votre valeur. Ne naviguez pas sans boussole dans un désert d'opportunités ; soyez un pisteur inlassable, poursuivant chaque prospect avec une rigueur et une ténacité sans faille. Utilisez les programmes de référence, les partenariats stratégiques, et toutes les armes à votre disposition pour élargir votre réseau et maximiser vos chances de succès.

Vous avez maintenant en main les stratégies de recherche de prospects et de gestion de pipeline en B2B. Ces techniques sont vos outils, mais c'est votre mentalité de guerrier qui fera la différence. Adoptez une discipline de fer, persévérez face aux refus, et attaquez chaque journée avec une détermination inébranlable. Ne laissez aucune opportunité vous échapper.

Le chemin du succès est pavé de défis, et c'est en les surmontant que vous révélez votre véritable potentiel. La discipline et la prospection sont les clés. Ne vous arrêtez pas lorsque vous êtes fatigué ; arrêtez-vous quand vous avez terminé. Vous êtes prêt à récolter les récompenses de votre travail acharné. Allez-y, conquérant. Transformez chaque opportunité en une victoire éclatante. Vous êtes prêt. Montrez-le au monde.

Exercice 1 : Création d'une liste de Prospects

Objectif : Développer une liste de prospects qualifiés en utilisant des méthodes de recherche.

Instructions :

1. Sélectionner une cible :
   o   Choisissez un secteur spécifique ou

une entreprise cible pour votre recherche. Soyez précis et stratégique.
2. Utiliser les Outils puissants :
- Armez-vous des meilleurs outils de recherche : LinkedIn, Sales Navigator, Kaspr, Cognism, Swordfish, ou des bases de données solides. Trouvez des contacts pertinents.
3. Élaborer la liste :
- Construisez une liste de 20 à 30 prospects. Incluez des informations clés : nom, poste, entreprise, numéro de téléphone portable.
4. Passer à l'Action :
- Appelez vos 20 à 30 prospects pour décrocher un rendez-vous. Soyez persuasif, déterminé, et implacable.

Exercice 2 : Personnalisation des présentations

Objectif : Adapter vos présentations de vente pour répondre aux besoins spécifiques de chaque prospect.

Instructions :

1. Analyser les Besoins :
- Pour chaque prospect, notez leurs défis spécifiques, besoins et objectifs. Utilisez les informations disponibles sur

leurs sites web, réseaux sociaux, et autres sources.
2. Personnaliser le contenu :
o   Adaptez vos présentations pour chaque prospect en mettant en avant les solutions spécifiques à leurs problèmes.
3. Pratiquer la présentation :
o   Répétez votre présentation plusieurs fois. Entraînez-vous à répondre aux objections potentielles et à ajuster votre discours en fonction des réactions du prospect.
4. Feedback et amélioration :
o   Après chaque présentation, demandez des retours et ajustez votre approche en conséquence. Soyez toujours en quête d'amélioration.

Exercice 3 : Routine de Suivi des Leads

Objectif : Maintenir une discipline de fer dans le suivi des leads pour maximiser les conversions.

Instructions :

1. Organiser les Leads :
o   Utilisez un CRM comme Salesforce ou HubSpot pour organiser vos leads. Assurez-vous que toutes les informations pertinentes sont à jour.
2. Planifier les suivis :

- Établissez un calendrier de suivi pour chaque lead. Notez les dates des appels, emails, et autres points de contact à venir.
3. Exécution rigoriste :
- Suivez votre calendrier de manière impitoyable. Faites vos suivis comme prévu, sans excuses. Chaque soir, avant de quitter le bureau, passez en revue les détails de vos leads et planifiez vos actions pour le lendemain.
4. Évaluer et ajuster :
- Analysez les résultats de vos suivis régulièrement. Ajustez vos stratégies en fonction des réponses et des taux de conversion.

Ces exercices sont conçus pour vous forger dans l'art de la prospection et de la gestion des leads. Ils nécessitent de la discipline, de la persévérance, et une volonté inébranlable de réussir. Êtes-vous prêt à vous dépasser et à transformer chaque prospect en une opportunité de victoire ? Let's do it!

"La première étape vers la réussite, c'est de se donner les moyens de réussir. La seconde, c'est de ne jamais baisser les bras." Orison Swett Marden — Auteur.

CHAPITRE 4 : TECHNIQUES SPÉCIFIQUES POUR OPTIMISER VOS VENTES

1 Maîtriser la Prospection pour forger votre Pipeline de Ventes

La Prospection : Le Pilier de Votre Pipeline de Ventes

La prospection est bien plus qu'une simple tâche ; c'est le fondement même de votre pipeline de ventes. C'est par elle que naissent les nouvelles occasions, celles qui alimentent votre croissance et assurent votre succès à long terme. Même les commerciaux les plus occupés doivent y consacrer du temps. Prenons l'exemple de Bill Gates : malgré la domination de Microsoft sur le marché, il cherchait constamment de nouvelles opportunités pour maintenir l'accroissement de son entreprise. Cette quête incessante d'innovation et d'expansion est la clé pour rester compétitif.

Fixez des créneaux réguliers pour la Prospection

Pour garantir votre réussite, il est crucial de fixer des créneaux de prospection réguliers, au moins une fois par semaine, et de les respecter à la lettre, même lorsque votre emploi du temps est chargé. Les commerciaux de Salesforce, par exemple, réservent des moments précis chaque semaine pour se concentrer sur la prospection, assurant ainsi un flux constant de leads. Cette discipline permet non seulement de générer des opportunités continues, mais aussi de structurer efficacement votre journée de travail.

L'Art du résumé de Prospection efficace

Un pitch de prospection bien conçu est indispensable pour captiver l'attention de vos prospects, pour être serein lors de vos appels et les convaincre de fixer un rendez-vous. Votre pitch doit être clair, concis et pertinent, démontrant de manière incisive la valeur que vous pouvez apporter. L'objectif est de susciter suffisamment d'intérêt pour obtenir un prochain rendez-vous. En perfectionnant votre pitch, vous maximisez vos chances de transformer chaque interaction en une opportunité concrète.

Préparation mentale et Gestion des Émotions : Le Combat Commence avant le Premier Appel

Avant même que vous ne passiez ce premier coup de fil, il y a une bataille qui se joue. Cette bataille, c'est celle de vos émotions. Trop de gens pensent que la préparation se limite à connaître son produit ou à faire des recherches sur l'entreprise. C'est important, mais c'est seulement la moitié du combat. L'autre moitié ? C'est ce qui se passe dans votre tête, dans votre cœur, dans vos tripes. C'est là que se gagne ou se perd la guerre.

Quand vous vous apprêtez à passer votre premier appel ou pour un rendez-vous, ce n'est pas juste une question de rassembler des faits ou de polir votre pitch. C'est aussi de préparer votre esprit pour affronter ce qui peut arriver. Parce que, devinez quoi ? Ça ne se passe pas toujours comme prévu. Le prospect peut vous balancer des objections que vous n'avez jamais entendues. Vous pouvez sentir le doute vous envahir, l'adrénaline commencer à monter, vos paumes devenir moites. C'est là que beaucoup de gens échouent. Pas à cause d'un manque de connaissances, mais dès l'instant où ils ne sont pas prêts mentalement et émotionnellement.

Maîtrisez Vos Émotions avant qu'elles ne vous maîtrisent

Vous devez entrer dans cet état d'esprit où rien ne peut vous déstabiliser. C'est comme un athlète qui se prépare pour une compétition. Vous devez imaginer chaque moment, chaque réponse probable du prospect, et repérer comment vous allez y réagir. Voyez-vous dans la pire situation possible. Visualisez le rejet, le désintérêt, l'échec. Maintenant, ressentez-le. Sentez cette brûlure dans votre poitrine. Mais ensuite, faites quelque chose que la plupart des gens ne font pas : utilisez cette émotion comme carburant. Laissez-la vous rendre plus fort, plus déterminé. Transformez la peur en puissance, l'anxiété en concentration, et le doute en conviction.

Exemple : Prenez Michael Jordan, par exemple. Avant chaque match, il imaginait toutes les manières dont il pouvait être bloqué, toutes les stratégies que ses adversaires pourraient utiliser contre lui. Et il visualisait sa réaction, comment il les surmontera. Sur le terrain, il était imperturbable, parce qu'il avait déjà vécu ces moments dans sa tête. En tant que commercial, c'est cette même approche mentale que vous devez adopter.

Utilisez des Techniques de respiration

Quand la pression monte, votre respiration devient plus rapide, plus superficielle. C'est un signal que votre corps envoie : le stress s'installe. Apprenez à utiliser des techniques de respiration pour calmer votre système nerveux, ralentir votre rythme cardiaque, et retrouver votre centre d'attention.

Conseil : Avant chaque rendez-vous, prenez quelques minutes pour pratiquer la respiration en quatre temps : inspirez lentement pendant quatre secondes, retenez votre souffle pendant quatre secondes, expirez pendant quatre secondes, puis restez sans respirer pendant quatre secondes. Répétez cet exercice plusieurs fois. Cela vous aidera à calmer votre esprit et à entrer en réunion dans un état de sérénité absolu.

Reprogrammez Votre Réaction émotionnelle

Quand une objection ou un refus surgit, votre réaction instinctive pourrait être de vous sentir déstabilisé. C'est là que vous devez reprogrammer votre cerveau. Au lieu de percevoir cela comme un échec, voyez-le comme une opportunité. Une chance de démontrer votre résilience et de trouver une nouvelle approche.

Conseil : Adoptez un mantra. Quelque chose que vous vous dites intérieurement chaque fois que vous ressentez une montée d'émotions négatives. Ça pourrait être aussi simple que : « Je contrôle ce moment » ou « Ce n'est qu'un obstacle de plus à franchir. » Dites-le-vous, croyez-le, et laissez cette pensée vous renforcer plutôt que vous affaiblir.

Préparez des scénarios d'Objections

L'un des moyens les plus efficaces de gérer vos émotions est de vous sentir prêt, peu importe ce qui arrive. Faites une liste des objections les plus courantes que vous pourriez recevoir et élaborez des réponses claires et convaincantes pour chacune d'elles.

Exemple : Si un client vous dit qu'il n'a pas le budget, au lieu de vous laisser déstabiliser, répondez calmement : « Je comprends que le budget est une préoccupation. Cependant, l'investissement que vous faites aujourd'hui pourrait vous permettre d'économiser [montant] à long terme. Parlons des options disponibles pour que cela fonctionne pour vous. »

Visualisez Votre Réussite

Il ne s'agit pas seulement de visualiser les défis, mais aussi de représenter votre succès. Avant chaque rendez-vous, fermez les yeux et imaginez que vous sortez de la réunion avec ce que vous voulez. Sentez la satisfaction, l'accomplissement. Cela vous mettra dans un état d'esprit positif et conquérant avant même que vous ne commenciez.

Exemple : Warren Buffett, l'un des plus grands investisseurs de tous les temps, utilise la visualisation pour se préparer mentalement. Avant chaque réunion importante, il prend un moment pour visualiser le résultat idéal. Il se voit poser les bonnes questions, avoir des discussions fructueuses, et repartir avec la satisfaction du travail bien fait.

Il est maintenant temps de passer son 1er appel de prospection.

Exemple de résumé de Prospection pour obtenir un rendez-vous

Contexte : Vous êtes un commercial vendant une solution SaaS (Software as a Service) qui améliore l'efficacité des équipes de vente en automatisant certaines tâches administratives et en fournissant des analyses de performance en temps réel.

Pitch:

« Bonjour [Nom du prospect],

Je suis [Votre Nom] de [Nom de Votre Entreprise]. Si je vous appelle aujourd'hui, ce n'est pas pour vous prendre du temps maintenant, mais pour fixer avec vous un rendez-vous d'une vingtaine de minutes pour vous montrer comment notre solution SaaS peut booster la productivité de votre équipe commerciale et améliorer le suivi des performances.

Nous avons déjà aidé des entreprises comme [Nom d'une ou deux Entreprises cliente] à augmenter leur efficacité de [pourcentage ou métrique spécifique] et je pense que cela pourra vous intéresser.

Êtes-vous disponible le [proposez deux ou trois créneaux horaires] pour en discuter ?

Quelques exemples d'objections que vous pourriez rencontrer :

« Je n'ai rien compris. Vous faites quoi

exactement ? » :

« Nous simplifions la vie de vos commerciaux en automatisant les tâches administratives et en produisant des analyses de performance en temps réel. Cela leur permet de maximiser leur temps de vente. Pour vous donner une vue complète de ce que nous fournissons, je vous propose un appel de 20 minutes. Quand seriez-vous disponible, le [proposez deux ou trois créneaux horaires] ? »

« J'ai déjà tout ce qu'il me faut » :

« Je comprends que vous avez déjà des solutions en place. Notre objectif est de compléter et optimiser ce que vous avez, sans bouleverser votre système actuel. Pour explorer comment nous pouvons vous apporter encore plus de valeur, un appel de 20 minutes serait idéal. Quand seriez-vous disponible, le [proposez un ou deux créneaux] ? »

« Envoyez-moi un mail » :

« Je comprends parfaitement. Nous sommes tous noyés sous les mails. C'est pourquoi un bref appel de 20 minutes serait beaucoup plus efficace pour discuter de comment nous pouvons réellement vous aider. Que diriez-vous du [proposez un seul créneau] ? »

« 5 étapes pour réussir sa prospection commerciale » — Vidéo de Quentin Despas

2 Les Clés d'un Rendez-vous Découverte réussi

Vous venez de planifier un rendez-vous avec un prospect. Bravo ! Vous êtes prêt à transformer cette opportunité en succès, mais avant de vous lancer dans la réunion, il y a une étape cruciale que vous ne pouvez pas négliger : la préparation.

La préparation minutieuse

La préparation est votre arme secrète pour un rendez-vous efficace. Plongez-vous dans une recherche approfondie. Voici comment :

1. **Étude de l'entreprise** : Découvrez tout ce que vous pouvez sur l'entreprise avec laquelle vous allez discuter. Quels sont ses produits ou services ? Quel est son modèle économique ? Identifiez les réussites récentes et les défis majeurs auxquels elle fait face. Warren Buffett, le maître de la préparation minutieuse, est célèbre pour son étude exhaustive des firmes avant toute réunion. Appliquez cette rigueur à votre propre préparation.
2. **Analyse du secteur** : Connaître le contexte sectoriel est vital. Quels sont les enjeux actuels du secteur ? Quelles sont les tendances qui pourraient influencer

l'entreprise ? Cette compréhension vous permettra de proposer des solutions plus pertinentes et adaptées.
3. **Identification des défis** : Recherchez les probables principaux défis auxquels l'entreprise pourrait être confrontée. Utilisez des sources telles que les rapports annuels, les actualités de l'industrie, et les réseaux sociaux pour cerner les problèmes spécifiques que vous pouvez aider à résoudre.
4. **Préparation des questions** : Élaborer une liste de questions ouvertes vous permettra de guider la conversation de manière efficace. Les questions ouvertes encouragent les prospects à partager des informations détaillées et vous offrent une vision plus claire de leurs besoins. Par exemple, demandez : « Quels défis rencontrez-vous actuellement dans votre processus de vente ? »

L'écoute active et le questionnement stratégique

Lors du rendez-vous, votre rôle principal sera d'écouter. Cela peut sembler contre-intuitif, mais l'écoute active est la clé pour comprendre réellement les besoins de votre prospect.

1. **Écoute active** : Ne vous contentez pas d'entendre ce que dira votre interlocuteur ; écoutez réellement. Montrez de l'empathie et de l'intérêt pour ses préoccupations. L'écoute active vous aide à établir une relation de confiance et à obtenir des informations précieuses qui guideront votre proposition.
2. **Questionnement efficace** : Utilisez les questions ouvertes pour obtenir des réponses détaillées et pertinentes. Les questions CQQCOQP (Comment, Qui, Quand, Combien, Ou, Quoi, Pourquoi) sont des outils puissants pour explorer en profondeur les besoins du client. Par exemple :

- **Comment** gérez-vous actuellement cette partie de votre processus ?
- **Qui** est impliqué dans la prise de décision ?
- **Quand** prévoyez-vous de résoudre ce problème ?
- **Combien** cela vous coûte-t-il actuellement ?
- **Où** rencontrez-vous les plus grands obstacles ?
- **Quoi** qu'avez-vous essayé jusqu'à présent pour résoudre ce problème ?

- **Pourquoi** pensez-vous que ces solutions n'ont pas fonctionné ?

3. **Adaptez Votre Proposition** : en écoutant attentivement et en posant les bonnes questions, vous obtiendrez une vision claire des besoins spécifiques du prospect. Vous utiliserez ces informations pour mettre l'accent sur les solutions qui répondent directement à leurs défis.

Méthode OPA : Objectifs, Plan, Action

La méthode OPA (Objectif, Présentation, Accord) est une approche simple, mais efficace pour structurer vos entretiens commerciaux dès le début. En établissant clairement l'objectif du rendez-vous, vous prenez les commandes de la conversation et mettez en place un cadre précis pour l'échange (votre prospect appréciera). Cette méthode vous permet de définir le rythme de l'entrevue, de capter l'attention de votre interlocuteur, et vous vous assurez que la discussion reste focalisée sur ce qui est essentiel.

1. Objectifs

L'objectif est la première étape cruciale de la méthode OPA. Il s'agit d'établir explicitement pourquoi vous êtes là et ce que vous espérez accomplir durant cette rencontre. Voici comment détailler cette partie pour maximiser l'impact et la clarté :

1. **Définir le contexte de la rencontre**
   Commencez par préciser le type de réunion que vous avez fixé. S'il s'agit d'un rendez-vous de signature, d'un entretien de découverte ou d'une discussion sur les enjeux spécifiques, indiquez-le noir sur blanc. Par exemple, vous pouvez dire : « Aujourd'hui, notre objectif est de finaliser les détails du contrat que nous avons discuté précédemment » ou « Je suis ici pour mieux comprendre vos défis actuels et explorer comment notre solution peut y répondre efficacement. »

2. **Énoncer le but spécifique**
   Expliquez clairement ce que vous espérez réaliser pendant cette rencontre. Cela peut inclure des objectifs spécifiques comme recueillir des informations détaillées, présenter une proposition, ou établir un plan d'action. Par exemple : « Le but de notre réunion est de discuter de vos besoins en matière de gestion du temps pour voir comment notre solution peut optimiser vos processus » ou « Nous

allons passer en revue les fonctionnalités clés de notre produit pour nous assurer qu'il répond à vos attentes avant la signature du contrat. »

3. **Relier l'Objectif aux Besoins du prospect**
   Montrez comment cet objectif s'aligne avec les intérêts ou les besoins de votre interlocuteur. Cela crée une connexion immédiate et souligne l'importance de la réunion pour eux. Par exemple : « Je comprends que votre équipe cherche à améliorer sa productivité, et c'est exactement ce que nous allons explorer aujourd'hui avec notre solution » ou « Étant donné que vous avez mentionné un intérêt pour une solution plus flexible, nous allons discuter des options disponibles pour répondre à ces besoins. »

4. **Confirmer l'Objectif avec l'interlocuteur**
   Assurez-vous que l'objectif que vous avez énoncé est en accord avec les attentes de votre prospect. Cela permet d'ajuster la conversation si nécessaire et d'aligner les deux parties sur le même objectif. Par exemple : « Est-ce que cet objectif vous convient pour notre discussion aujourd'hui ? » ou « Y a-t-il d'autres aspects que vous aimeriez aborder durant notre réunion ? »

En résumé, la partie « Objectif » de la méthode

OPA est votre occasion de poser les bases de l'entretien, de clarifier le cadre de la rencontre et de vous assurer que vous et votre interlocuteur êtes sur la même longueur d'onde. Cela crée un environnement structuré et ciblé pour une discussion productive.

2. Plan

Une fois l'objectif clarifié, la prochaine étape de la méthode OPA est d'annoncer le plan. Il ne suffit pas de savoir pourquoi vous êtes là ; vous devez aussi trouver comment vous allez y arriver. Voici comment présenter cette étape de manière efficace et percutante :

1. **Présenter le déroulé de l'échange** : Dès le début de la rencontre, exposez clairement comment la conversation va se dérouler. Cela aide à structurer l'entretien et à mettre votre interlocuteur à l'aise, car il sait à quoi s'attendre. Vous pouvez dire : « Je vous propose de commencer par un rapide tour de table, puis d'aborder vos enjeux spécifiques. Ensuite, je vous présenterai nos solutions adaptées à vos besoins. Enfin, nous pourrons répondre à vos questions et conclure en définissant ensemble les prochaines étapes, si cela fait sens. » *Gardez bien en tête de fixer un prochain rendez-vous avec votre prospect lors « des prochaines étapes ».*

2. Minuter **les Étapes Clés** : structurer la discussion en paliers clairs et allouer du temps à chacun est essentiel pour maintenir l'objectif et respecter le calendrier de votre interlocuteur. Chaque étape doit avoir un but précis et une durée définie, montrant que vous avez un plan bien réfléchi et respectueux du temps de chacun.

Vous pourriez dire (sur un rendez-vous fixé pour 30 min) :

« Je vous propose de décomposer notre échange de la manière suivante :

- **5 minutes** Tour de table
- **10 minutes** Vos enjeux
- **10 minutes** Nos solutions pour répondre à vos enjeux
- **5 minutes** Prochaines étapes

En précisant le temps que vous consacrerez à chaque étape, vous montrez votre professionnalisme tout en assurant une conversation efficace et ciblée.

3. **Engager votre interlocuteur** : invitez votre interlocuteur à participer activement en posant des questions ou en ajoutant des points à discuter. Cela montre que vous êtes flexible et que vous valorisez leur contribution. Par exemple : « Je vous encourage à poser des questions

à chaque étape, et si vous souhaitez aborder d'autres sujets, n'hésitez pas à me le faire savoir. »

4. **Mettre l'accent sur l'écoute active** : mentionnez que vous allez consacrer une partie importante de la rencontre à écouter, comprendre leurs besoins et préoccupations. Cela démontre que vous êtes là pour en savoir plus, pas seulement pour vendre. Par exemple : « Après la présentation, nous prendrons le temps de discuter en profondeur de vos enjeux et défis spécifiques, car je veux m'assurer que notre solution réponde parfaitement à vos attentes. »

En résumé, la partie « Plan » de la méthode OPA sert à structurer la rencontre et à montrer à votre interlocuteur que vous avez une approche organisée et professionnelle. Cela met en place un cadre clair pour l'échange, assurant que chaque minute est utilisée de manière productive et que l'objectif fixé sera atteint efficacement.

3. Accord

Une fois le programme exposé, il est crucial d'obtenir l'adhésion de votre interlocuteur pour que l'entretien se déroule comme prévu. Ce moment sert à recueillir un premier engagement et à s'assurer que votre plan et timing conviennent à toutes les parties.

Après avoir présenté le déroulé et le programme proposé, vous pourriez dire :

« Est-ce que ce plan vous convient ? »

L'objectif ici est de décrocher un premier « OUI », qui prépare le terrain pour une discussion fluide et productive. En obtenant cet accord dès le départ, vous établissez une dynamique positive et montrez que vous êtes respectueux du temps de votre interlocuteur tout en maintenant le contrôle de l'entretien.

Méthode FOCA : Faits, Opinion, Changement, Action

Dans l'art de la vente, la capacité à poser les bonnes questions au bon moment est une compétence essentielle. La méthode FOCA est un outil puissant qui vous guidera à travers une série de questions stratégiques : Faits, Opinions, Changement, et Action. Cet acronyme simple est bien plus qu'un moyen mnémotechnique ; c'est une démarche éprouvée pour explorer les besoins réels de votre client et adapter votre discours de vente de manière pertinente et percutante.

En suivant cet ordre précis, vous menez votre interlocuteur à révéler des informations clés, tout en bâtissant un argumentaire qui résonne avec ses priorités. La méthode FOCA vous permet de naviguer habilement dans la conversation, d'identifier les points de douleur, et de proposer des solutions adaptées, transformant ainsi chaque échange en une opportunité de créer de la valeur et de renforcer votre relation client.

1. Explorer les Faits : comprendre le fonctionnement actuel du Client

Avant de pouvoir offrir une solution, il est essentiel de comprendre comment votre client fonctionne aujourd'hui. C'est là que les questions axées sur les faits entrent en jeu. Ces questions vous permettent de dresser un tableau clair et détaillé du contexte actuel du client, de ses processus internes, de ses projets en cours et des enjeux auxquels il est confronté.

1. Comprendre l'Organisation du Client : Commencez par explorer comment le client est structuré. Demandez : « Comment êtes-vous organisé ? ». Cette question ouvre la porte à une discussion sur la structure de l'entreprise, la répartition des responsabilités, et la manière dont les équipes interagissent. Elle vous donne un aperçu de l'architecture interne et vous permet de mieux comprendre les dynamiques qui influencent les décisions.

2. Plonger dans les processus : Une fois que vous avez une idée de l'organisation, il est temps de comprendre les fonctionnements en place. En posant la question : « Pouvez-vous m'expliquer votre processus ? », vous incitez le client à décrire les étapes clés qu'il suit pour atteindre ses objectifs. Cela inclut la manière dont les projets sont initiés, gérés et exécutés. Cette information est cruciale, car elle vous aide à identifier où votre solution pourrait s'intégrer et apporter de la valeur.

3. Identifier les Projets et enjeux actuels : Pour finaliser cette étape de découverte des faits, orientez la conversation vers les projets en cours et les défis actuels. Demandez : « Quels sont vos projets, vos enjeux ? ». Cette question vous donne une vue d'ensemble des initiatives stratégiques du client et des obstacles qu'il rencontre. Connaître ces aspects vous permet non seulement d'ajuster votre proposition, mais aussi de démontrer que vous comprenez les priorités et les pressions de votre interlocuteur.

En somme, cette phase de questionnement sur les faits est le socle sur lequel reposera tout votre argumentaire. Plus vous serez précis et attentif dans la collecte de ces informations, mieux vous serez équipé pour proposer des solutions adaptées qui répondent directement aux besoins du client. C'est en maîtrisant cette étape que vous pouvez commencer à établir une relation de confiance et à orienter la discussion vers des actions concrètes et efficaces.

2. Explorer les Opinions : Saisir le ressenti du Client

Une fois que vous avez une compréhension claire des faits et des processus actuels du client, il est temps de passer à un niveau plus subjectif : l'Opinion. Les questions d'opinion vous permettent de saisir ce que le client pense réellement de son organisation, de ses processus, et de la manière dont il perçoit les évolutions du marché. C'est ici que vous commencez à comprendre non seulement *ce qui est*, mais aussi *comment cela est ressenti*.

1. Évaluer l'Organisation actuelle Pour amorcer cette discussion, commencez par interroger le client sur sa perception de son organisation actuelle. Demandez : « Que pensez-vous de votre organisation actuelle ? ». Cette question simple ouvre la voie à une réflexion plus profonde sur la satisfaction globale du client vis-à-vis de ses opérations quotidiennes. Cela vous donne un aperçu de ce qui, selon lui, fonctionne bien et de ce qui pourrait être amélioré.

2. Identifier les forces et les faiblesses Poussez l'analyse un peu plus loin en demandant : « Qu'est-ce qui fonctionne particulièrement bien ? Et moins bien ? ». Ces questions sont cruciales pour détecter les points forts et les faiblesses perçus par le client. Elles révèlent non seulement les aspects de l'organisation dont le client est fier, mais aussi les zones problématiques ou frustrantes. Ces informations sont inestimables pour ajuster votre discours commercial et orienter la discussion vers des solutions potentielles qui répondent aussitôt aux besoins exprimés.

3. Aborder l'évolution réglementaire et digitale : Enfin, élargissez la conversation en abordant les évolutions externes qui pourraient impacter le client. Demandez : « Comment vous inscrivez-vous dans l'évolution réglementaire/digitale que nous vivons en ce moment ? ». Cette question aide à comprendre comment le client se positionne par rapport aux changements réglementaires ou technologiques en cours. Cela révèle son niveau de préparation, ses préoccupations éventuelles, et sa vision de l'avenir.

Pourquoi les Opinions comptent ?

Les opinions sont le reflet de la réalité perçue par le client. Elles ne sont peut-être pas objectives, mais elles sont cruciales, car elles influencent fortement les décisions d'achat. En explorant ces perceptions, vous obtenez non seulement des informations sur le niveau de satisfaction du client, mais aussi sur les priorités et les préoccupations qui guideront ses futures choix.

En maîtrisant cet aspect du questionnement, vous êtes en mesure de montrer au client que vous êtes attentif à ses besoins non seulement techniques, mais aussi émotionnels et stratégiques. Vous pouvez ainsi proposer des solutions qui résonnent avec ses valeurs et ses ambitions, rendant votre offre non seulement pertinente, mais également irrésistible.

3. Explorer le Changement : Obtenir la situation voulue

Après avoir sondé les opinions et le ressenti du client, il est temps de creuser plus profondément en abordant la question du changement. Cette étape est cruciale, car elle permet de comprendre non seulement ce que le client souhaiterait améliorer, mais aussi de mesurer l'urgence et l'importance de ce changement pour lui et pour vous afin de cadencer votre pipe. C'est ici que vous préparez le terrain pour positionner votre solution comme la réponse idéale à ses besoins.

1. Évaluer les Conséquences de l'Inaction : Commencez par poser la question suivante : « Quelles conséquences pour vous si vous ne changez rien ? ». Cette question amène le client à réfléchir aux impacts potentiels de son inertie. Il est essentiel de l'exhorter à prendre conscience des risques et des opportunités manquées en cas de statu quo. Vous créez ainsi un sentiment d'urgence en soulignant que l'inaction peut être plus coûteuse ou hasardeuse que l'adoption de nouvelles solutions.

2. Identifier les Améliorations souhaitées : Ensuite, guidez la conversation vers des aspects plus constructifs en demandant : « Que souhaiteriez-vous améliorer ? Quelles sont vos priorités ? ». Cette double question aide à cristalliser les besoins du client et à comprendre ses objectifs principaux. Elle vous permet de connaître précisément les domaines dans lesquels le client désire voir des changements, qu'il s'agisse de gains d'efficacité, de réduction des coûts, d'amélioration de la qualité, ou de toute autre dimension stratégique. En identifiant ces priorités, vous vous assurez de focaliser votre proposition sur ce qui compte le plus pour lui.

3. Proposer une collaboration fondée sur une Solution : Enfin, une fois que le client a exprimé ses besoins et ses priorités, c'est le moment idéal pour introduire votre offre de manière subtile, mais percutante. Vous pouvez poser une question telle que : « Si nous pouvions vous apporter une solution qui réponde à [insérer un besoin clé identifié], pourrions-nous envisager de travailler ensemble ? ». Cette question est liée directement au changement souhaité par le client à votre solution. En l'amenant à concevoir la collaboration, vous augmentez les chances qu'il se projette positivement dans une relation commerciale avec vous.

Pourquoi le Changement est la clé ?

Explorer le changement est essentiel, car c'est souvent ce qui pousse le client à passer à l'action. Lorsque le besoin de transformation est clairement identifié et que les conséquences de l'inaction sont comprises, le client est plus enclin à rechercher des solutions. En orientant la conversation sur les résultats et les améliorations qu'il espère obtenir, vous vous positionnez non seulement comme un fournisseur, mais comme un partenaire stratégique, capable de l'accompagner dans sa mutation.

En maîtrisant cette partie du dialogue, vous faites plus que simplement vendre un produit ou un service : vous offrez une vision, une solution à un problème réel, et vous démontrez une compréhension profonde des enjeux du client. Cela crée un lien de confiance qui est fondamental pour établir une relation commerciale durable et prospère.

4. Définir les Actions : identifier les Prochaines Étapes

Après avoir exploré le changement souhaité par le client, la discussion doit se concentrer sur les actions concrètes qu'il envisage. Cette étape est cruciale pour comprendre non seulement où en est le client dans son processus de décision, mais aussi pour identifier les obstacles potentiels et les occasions d'intervention. En posant les bonnes questions, vous clarifiez le chemin à suivre pour transformer ses intentions en résultats tangibles.

1. Examiner les Actions déjà entreprises : Commencez par interroger le client sur les démarches qu'il a auparavant entreprises : « Quelles actions avez-vous déjà engagées pour atteindre votre objectif ? Avec quelles ressources ? ». Cette question vous aide à comprendre le niveau d'engagement actuel du client et les efforts précédemment déployés pour atteindre ses objectifs. En saisissant l'ampleur des actions d'abord mises en place, vous pourrez ajuster votre approche pour qu'elle complète et renforce ce qui est déjà en cours, plutôt que de dupliquer ou contredire les initiatives existantes.

2. Identifier le circuit de Décision : Ensuite, plongez dans la dynamique décisionnelle du projet en posant la question : « Quel est le circuit de décision ? À part vous, quels sont les autres personnes concernées par ce projet ? ». Cette question est vitale pour comprendre qui sont les véritables décideurs et influenceurs dans le processus d'achat. En identifiant ces parties prenantes, vous pouvez mieux cibler vos efforts de communication et d'influence, en veillant à ce que tous les acteurs clés soient alignés sur la valeur de votre proposition. Nous en reparlerons un peu plus bas.

3. Clarifier les besoins pour valider le Projet : Une fois que vous avez compris le circuit de décision, il est temps de préciser ce dont le client a besoin pour faire avancer le projet : « De quels éléments avez-vous besoin pour faire valider le projet ? Comment puis-je vous aider ? ». Cette question montre votre engagement à soutenir le client dans son processus de décision, en fournissant les informations ou les documents nécessaires pour faciliter l'approbation. Que ce soit des études de cas, des démonstrations supplémentaires, ou des estimations budgétaires, votre rôle est de rendre le chemin vers la validation aussi fluide que possible.

4. Comprendre les délais et les critères de Décision : Enfin, pour finaliser cette étape, interrogez le client sur ses délais et ses critères de décision : « Quand souhaitez-vous que la solution soit opérationnelle ? Quels sont vos critères de décision ? ». Ces questions vous aident à cadrer les attentes temporelles et à comprendre les éléments essentiels qui influenceront la décision définitive. Savoir quand le client veut que la solution soit en place et quels critères il juge les plus importants vous permet d'adapter votre offre de manière précise, en mettant en avant les aspects de votre solution qui répondent directement à ces exigences.

Pourquoi les Actions comptent ?

En explorant les actions que le client envisage, vous entrez dans une phase où la stratégie se transforme en tactique. Vous n'êtes plus seulement en train de discuter des besoins et des désirs, mais vous commencez à façonner la réalité de ce projet. En posant ces questions, vous préparez le terrain pour que chaque étape suivante soit orientée vers l'objectif final : la mise en place de votre solution chez le client.

La clé ici est de rester proactif. Ne laissez pas le client faire tout le travail ; proposez des solutions, offrez votre aide, et montrez que vous êtes non seulement un commercial, mais un partenaire, un conseiller prêt à accomplir les choses. C'est ainsi que vous transformez une simple opportunité en une victoire concrète, en faisant de la collaboration et de l'action les pierres angulaires de votre relation avec le client.

👎 LE FLOP	LE TOP
<ul><li>Ne parlez que des caractéristiques de la solution</li><li>Montrer des fonctionnalités dont il n'a pas besoin</li><li>Utilisez un jargon interne</li><li>Monopoliser la parole</li><li>Faire une présentation générique</li><li>Ne pas tenir compte de ses spécificités</li><li>Faire le lien avec des secteurs/cas d'usage qui n'ont aucun rapport.</li><li>Être trop lent / trop rapide</li></ul>	<ul><li>Parler des bénéfices pour le client, en lien avec ses enjeux (« vous m'avez dit que…alors… »)</li><li>Utiliser les éléments de langage du client (nom de société, service, outil interne, process, etc)</li><li>Projeter le client sur des applications concrètes et opérationnelles de la solution (« par exemple, dans le cas où vous avez besoin de XXX, vous pouvez procéder de cette manière pour XXX »)</li><li>Illustrer par des schémas l'intégration de votre solution dans son process.</li><li>Lui donner de la perspective sur la suite du projet (déploiement, prochaines étapes, validation avant-vente, juridique, etc)</li><li>Recueillir ses impressions au fil de l'eau (« qu'en pensez-vous? »)</li><li>Valider sa bonne compréhension (« ai-je été clair? Souhaitez-vous plus de détails? »)</li></ul>

3 Animer les Temps morts avec la Méthode DITESA

Après avoir fixé un nouveau rendez-vous avec votre prospect lors de la phase « les prochaines étapes », vous êtes en attente d'une autre interaction. Mais ce temps d'attente n'est pas un moment à gaspiller. Bien au contraire, ces périodes entre les réunions sont cruciales pour maintenir l'engagement et l'intérêt de votre prospect. Si le meeting à venir est prévu dans plus de deux semaines, l'animation des temps morts devient essentielle pour éviter que la conversation ne perde en intensité.

Pourquoi animer les Temps morts est essentiel ?

Les moments d'attente peuvent être des pièges redoutables dans lesquels souvent nous tombons. Un prospect qui se désintéresse ou qui n'entend plus parler de vous pendant une période prolongée est un prospect qui risque de s'éloigner. Pour contrer cela, vous devez garder le lien et être actif. Envoyer un mail ou un SMS, passer un appel, pendant ces moments de pause permet non seulement de maintenir le contact, mais aussi de continuer à enrichir la relation et à renforcer la pertinence de votre proposition.

C'est là qu'entre en jeu la méthode **DITESA**. Ce cadre, qui repose sur six éléments clés — Démonstration personnalisée, Illustration visuelle, Témoignage, Exemple, Statistique, et Analogie — vous offre une approche structurée pour animer efficacement ces temps morts.

1. Démonstration personnalisée

Objectif : Montrer concrètement comment votre solution peut résoudre un problème spécifique du prospect.

Envoyer une démonstration personnalisée est une manière puissante de garder votre prospect engagé. Par exemple, si vous savez que votre prospect a un intérêt particulier pour une fonctionnalité de votre produit, créez une courte vidéo ou une présentation qui montre comment ce service répond précisément à ses besoins. Vous pouvez conclure le message par une question qui invite à une interaction, comme : « Que pensez-vous de cette fonctionnalité en lien avec votre projet ? »

2. Illustration visuelle

Objectif : Simplifier et clarifier votre proposition à travers des visuels percutants.

Les images parlent souvent plus fort que les mots. Utilisez des graphiques, des infographies ou des schémas pour illustrer un point clé de votre proposition. Par exemple, vous pourriez envoyer une infographie comparant l'efficacité de votre solution par rapport aux alternatives existantes. Cela permet au prospect de visualiser les avantages de manière instantanée et mémorable. Ajoutez un commentaire invitant à la réflexion : « Ce schéma met en évidence les économies potentielles que vous pourriez réaliser. Qu'en pensez-vous ? »

3. Témoignage

Objectif : Renforcer la crédibilité de votre solution en partageant l'expérience d'autres clients.

Les témoignages sont extrêmement efficaces pour instaurer la confiance. Envoyez à votre prospect un témoignage vidéo ou écrit d'un client satisfait qui opère dans un secteur similaire. Veillez à ce que le témoignage soit pertinent pour les défis auxquels votre prospect est confronté. Vous pourriez l'accompagner d'une note personnelle : « Voici ce que [Nom du Client] a pensé de notre solution. Je pense que vous pourriez y voir des parallèles intéressants avec vos propres besoins. »

4. Exemple

Objectif : Fournir un exemple concret de la manière dont votre solution a aidé une autre entreprise à atteindre ses objectifs.

Les exemples concrets sont indispensables pour donner du corps à votre discours. Envoyez une étude de cas ou un aperçu d'application de votre solution dans un contexte similaire à celui de votre prospect. Cela aide à visualiser le succès potentiel. Vous pouvez conclure avec une question qui pousse à l'engagement : « Cet exemple montre comment nous avons aidé [Entreprise] à doubler ses résultats en six mois. Comment pensez-vous que cela pourrait se correspondre à votre situation ? »

5. Statistique

Objectif : Utiliser des données chiffrées pour appuyer votre discours.

Les statistiques apportent une preuve tangible de l'efficacité de votre solution. Vous pourriez envoyer un graphique ou un tableau présentant des résultats mesurables, tels que le pourcentage d'amélioration de la productivité ou les économies réalisées grâce à votre produit. Ce type de message peut se terminer par une réflexion : « J'ai pensé à vous et il me semblait important de partager ces chiffres avec vous. »

6. Analogie

Objectif : Rendre votre proposition plus accessible en la comparant à une situation familière.

Les analogies permettent de simplifier des concepts complexes en les comparant à des situations familières. Vous pouvez, par exemple, comparer l'optimisation des processus de vente à la préparation d'un athlète de haut niveau pour une compétition. Cela rend l'information plus relatable et engageante. Terminez avec une question qui encourage la discussion : « De la même manière qu'un athlète se prépare pour une compétition, votre équipe commerciale pourrait bénéficier de notre solution pour atteindre des performances optimales. Qu'en pensez-vous ? »

Maximisez Chaque Moment

L'animation des temps morts est une stratégie proactive qui vous permet de garder le contrôle du processus de vente, même entre les rendez-vous. En appliquant la méthode DITESA, vous transformez ces moments de latence en opportunités pour renforcer votre relation avec le prospect, tout en maintenant un flux constant d'informations pertinentes. Cela vous offre non seulement de rester présent dans l'esprit du prospect, mais aussi de faire évoluer la discussion vers une conclusion favorable.

Conclusion du Chapitre 4 :
Techniques spécifiques
pour optimiser Vos Ventes

Vous avez maintenant entre les mains des outils puissants pour transformer votre approche commerciale. Ce chapitre vous a guidé à travers des techniques éprouvées : la maîtrise de la prospection, la préparation minutieuse des rendez-vous, l'application des méthodes OPA et FOCA, et l'animation des temps morts avec la méthode DITESA. Chaque technique est un levier crucial pour renforcer votre processus de vente.

Mais il ne suffit pas de connaître ces outils ; vous devez les exercer, les affiner, et les appliquer encore et encore. La pratique constante est la clé pour transformer ces méthodes en habitudes solides et puissantes. Vous devez être prêt à répéter ces exercices jusqu'à ce qu'ils deviennent une seconde nature. Chaque appel, chaque rendez-vous, chaque interaction est une opportunité pour perfectionner votre approche et renforcer votre efficacité.

Exercices pratiques

1. Maîtriser la Prospection :

- **Fixez des créneaux dédiés :** Déterminez des créneaux réguliers chaque semaine pour la prospection. Engagez-vous à respecter ces créneaux de manière disciplinée. Votre objectif est de fixer des rendez-vous, pas simplement de passer des appels. Révisez les résultats obtenus et ajustez vos techniques en fonction des retours pour maximiser vos réussites.

2. Préparation mentale et Gestion des Émotions :

- **Préparation mentale :** Avant chaque appel ou rendez-vous important, préparez-vous mentalement. Utilisez des techniques comme la visualisation positive et les affirmations pour renforcer votre état d'esprit. Évaluez ce qui vous motive et ce qui vous freine, et ajustez votre approche en conséquence pour chaque nouvelle interaction.

3. Application des Méthodes OPA et FOCA :

- **Pratique des méthodes** : Répétez des simulations de rendez-vous en utilisant les méthodes OPA et FOCA avec un collègue ou un mentor. Analysez vos performances et cherchez à vous améliorer à chaque essai. Notez vos réussites et les aspects à perfectionner pour rendre chaque rencontre plus efficace.

4. Animer les Temps morts :

- **Stratégie d'engagement** : Développez un plan pour garder vos prospects engagés pendant les périodes d'attente. Identifiez les contenus pertinents et les informations qui renforceront leur intérêt. Testez ce plan avec vos prospects actuels, ajustez-le selon les retours, et perfectionnez-le continuellement.

Le succès ne vient pas du jour au lendemain,

mais de la pratique assidue et de l'amélioration constante. Avec ces outils en main, persévérez et appliquez-les sans relâche. Votre détermination à pratiquer encore et encore vous permettra de transformer ces techniques en véritables atouts pour atteindre vos objectifs de vente avec efficacité et performance.

« La résilience dont vous faites preuve face à l'adversité, plutôt que l'adversité elle-même, sera-ce qui vous définira en tant que personne » Stephen Schwarzman — fondateur de Blackstone.

CHAPITRE 5 : NÉGOCIATION ET CONCLUSION DES VENTES

Après avoir maîtrisé les fondamentaux de la prospection et les techniques de découverte, vous arrivez maintenant à la phase où votre préparation et votre stratégie sont mises à l'épreuve : la négociation et la conclusion des ventes. C'est à ce moment précis que vous allez transformer vos efforts en résultats concrets.

Ce chapitre vous guidera à travers les étapes essentielles pour exceller dans cette phase cruciale. Vous apprendrez à **maîtriser le circuit de décision**, en identifiant les décideurs et en naviguant efficacement dans des organisations complexes. Nous aborderons des **techniques de négociation** détaillées, couvrant la préparation, les stratégies, et la communication efficace. Vous découvrirez comment gérer les objections avec finesse, en utilisant des procédés éprouvés pour surmonter les obstacles et convaincre vos prospects.

Nous explorerons également la **méthode SONCAS**, une approche puissante pour répondre aux préoccupations spécifiques de vos clients : sécurité, orgueil, nouveauté, confort, argent, et sympathie. Enfin, vous apprendrez à **reconnaître les signaux d'achat**, vous permettant de saisir le moment opportun pour conclure vos ventes avec succès.

Ce chapitre est conçu pour vous fournir les outils et les stratégies nécessaires pour exceller dans la négociation et faire passer vos ventes au niveau supérieur. Préparez-vous à mettre en pratique vos compétences et à transformer vos opportunités en succès concrets.

1 Maîtriser le circuit de Décision

Identification des décideurs
Pour transformer vos efforts en succès

commerciaux, il est impératif de savoir qui détient le pouvoir décisionnel dans l'organisation cible. Identifiez les décideurs afin de concentrer votre énergie sur ceux qui ont la capacité d'approuver et d'acheter. Ignorer cette étape, c'est comme courir un marathon sans connaître la ligne d'arrivée.

Exemple concret : Lors du lancement de l'iPhone, Steve Jobs n'a pas perdu de temps à présenter le produit uniquement aux équipes de marketing ou de production. Il a directement impliqué les décideurs clés qui avaient le pouvoir d'influencer le lancement à une échelle mondiale. Cette approche ciblée a joué un rôle crucial dans le succès colossal de l'iPhone.

Stratégies pour identifier les décideurs :

- **Analyse de l'Organisation** : Utilisez des outils comme LinkedIn, consultez les rapports annuels et les communiqués de presse pour déchiffrer la structure de l'organisation cible. Identifiez les titres des personnes et leur rôle dans le processus décisionnel. Une étude approfondie vous aidera à comprendre qui détient le pouvoir.
- **Interviews et réseautage** : Engagez des conversations avec vos contacts internes pour identifier les véritables décideurs. Participer à des événements de l'industrie est également une stratégie efficace pour rencontrer ces décideurs potentiels. C'est en construisant des

relations que vous déverrouillez les portes de la décision.
- **Demander des références** : Si vous avez déjà un contact au sein de l'organisation, n'hésitez pas à demander qui est le décideur pour votre produit ou service. Les introductions directes sont souvent plus efficaces que de chercher par soi-même.

Stratégies pour naviguer dans les organisations complexes

Les grandes organisations sont comme des labyrinthes, et naviguer à travers leurs processus décisionnels complexes demande de la stratégie et de la finesse. Vous devez maîtriser les dynamiques internes pour influencer efficacement les décisions.

Cartographier les processus de Décision : Identifiez les différents niveaux de décision au sein de l'organisation. Créez un plan des parties prenantes et comprenez leur influence et leur rôle dans le processus. Connaître le terrain est essentiel pour éviter les pièges et avancer avec assurance.

Construire des Relations : Développez des relations avec plusieurs personnes au sein de l'organisation. Cela vous donnera une vue d'ensemble sur les dynamiques internes et vous permettra de recueillir des informations précieuses sur les processus décisionnels. Chaque contact est une pièce du puzzle.

Adapter Votre Message : Personnalisez votre présentation en fonction des priorités et des préoccupations des différents décideurs. Chaque niveau a des besoins et des objectifs spécifiques, donc ajustez votre discours en conséquence pour résonner avec chaque interlocuteur.

Exemple concret : Lors de l'acquisition de YouTube par Google, Larry Page a dû naviguer habilement à travers les structures décisionnelles internes chez Google ainsi qu'au sein de YouTube. Il a su coordonner les intérêts de diverses parties prenantes pour convaincre les décideurs clés de la valeur stratégique de l'acquisition.

Exemples de parcours de Décision réussis

Steve Ballmer, dans sa négociation pour l'acquisition de LinkedIn par Microsoft, est un exemple parfait de maîtrise des circuits de décision. Il a navigué avec brio à travers les structures décisionnelles des deux entreprises, utilisant une approche stratégique pour aligner les objectifs des deux parties et faciliter la décision finale.

Détails de l'Exemple : Ballmer a dû convaincre non seulement les membres de son propre conseil d'administration, mais aussi les dirigeants de LinkedIn. Il a démontré la synergie entre les deux entreprises et les avantages mutuels de l'acquisition, ce qui a facilité la décision.

Quelques questions à poser pour connaître le circuit de Décision

- **Processus de décision** : « Comment se passe la prise de décision ? Qui soumet le projet aux décisionnaires ? À quelle occasion (Codir) ? Qui est présent ? Quand est prévue la prochaine session d'échange ? De quoi avez-vous besoin pour porter le projet ? Selon vous, à quels sujets faut-il être vigilants ? Qu'est-ce qui pourrait bloquer ? Pour quelles raisons ? Quels éléments supplémentaires faudrait-il pour éviter ce blocage ? Comment puis-je vous aider ? »
- **Critères de décision** : « Quels sont les critères pris en compte pour décider du projet ? À quels critères est sensible l'IT ? Le signataire ? En général, quand un projet est rejeté, c'est pour quelle raison ? »
- **Processus de signature** : « Qui signe le contrat ? Une fois le bon de commande envoyé, comment cela se passe-t-il ? »

2 Techniques de négociation

La préparation est la clé de toute négociation réussie. C'est comme se préparer pour une course : sans entraînement, vous ne serez pas prêt à affronter les défis. Voici comment vous préparer efficacement :

1 Recherche et analyse :

- **Étudiez l'Entreprise :** Avant même d'entrer en négociation, il est essentiel de bien connaître votre terrain. Plongez dans les rapports annuels, les communiqués de presse, et les profils LinkedIn pour comprendre les besoins et les priorités de l'entreprise. Par exemple, si vous découvrez qu'une entreprise est en phase de transformation numérique, positionnez votre solution comme un atout clé dans cette transition.
- **Évaluation des Produits/Services actuels :** Examinez les solutions actuellement en place chez le client. Identifiez les lacunes ou les opportunités d'amélioration. Si le client utilise des solutions vieillissantes, soulignez comment votre produit peut offrir des modifications significatives et nécessaires.
- **Analysez l'historique des interactions (si possible) :** Revoyez les détails des interactions passées pour comprendre le contexte. Notez les points de satisfaction et les éventuelles frictions. Par exemple, si des problèmes de livraison ont été récurrents, préparez des

solutions pour éviter de répéter ces erreurs.
- **Comprenez les tendances du Marché et les concurrents** : Analysez les tendances actuelles et les évolutions technologiques pour adapter votre proposition. Étudiez les offres des concurrents pour identifier leurs points forts et leurs faiblesses. Cela vous aidera à positionner votre produit de manière plus stratégique. Par exemple, si les concurrents fournissent des prix plus bas, mettez en avant les avantages uniques de votre solution.

1.2 Fixation des Objectifs :

- **Définissez vos objectifs de négociation** : Avant la négociation, déterminez le prix minimum acceptable et le prix idéal. Établissez des marges de négociation basées sur les conditions du marché et les attentes du client. Par exemple, si vous ciblez un prix de 10 000 €, fixez un prix initial de 12 000 € pour avoir une marge de manœuvre.
- **Conditions de Vente** : Définissez les conditions de paiement, les délais de livraison, et les modalités de service après-vente. Prévoyez des options telles que des remises pour des volumes importants ou des paiements anticipés pour séduire le client.
- **Identifiez Vos Limites non négociables** : Déterminez les éléments essentiels que vous ne pouvez pas compromettre, comme

les marges minimales ou les exigences techniques. Établissez des seuils en dessous desquels la vente ne serait pas viable.
- **Préparez des alternatives** : Développez des solutions de repli pour les scénarios où la négociation ne progresse pas comme prévu. Cela peut inclure des ajustements de produit ou des offres alternatives. Préparez des plans de secours pour gérer les aléas, comme des modifications de prix ou des changements dans les termes du contrat.

1.3 Anticipation des Objections :

- **Listez les Objections possibles** : Identifiez les objections courantes telles que les préoccupations liées au prix, aux fonctionnalités, ou aux délais de livraison. Préparez des arguments solides pour chaque objection. Par exemple, si le prix est une opposition, préparez des données sur le retour sur investissement pour soutenir votre proposition.
- **Préparez des réponses convaincantes** : Développez des réponses basées sur des faits et des données pour réagir face aux objections. Exploitez des études de cas, des statistiques, et des témoignages pour renforcer vos arguments. Si la complexité d'utilisation est une préoccupation, proposez des sessions de formation ou un support technique pour

rassurer le client.

- **Entraînez-vous à répondre de manière claire et concise** : Répétez vos réponses à haute voix ou avec un collègue pour améliorer votre fluidité et votre clarté. Utilisez des jeux de rôle pour simuler des scénarios de négociation et affiner vos compétences en communication. Assurez-vous que vos réponses sont cohérentes et précises pour éviter toute confusion.

2. Méthode WIN-WIN :

La méthode WIN-WIN, ou « gagnant-gagnant » est une approche de négociation qui vise à créer des solutions bénéfiques pour les deux parties impliquées. C'est une stratégie efficace pour établir des relations durables tout en atteignant vos objectifs commerciaux. Voici comment mettre en œuvre cette méthode de manière optimale :

Recherchez des solutions gagnant-gagnant

- **Bénéfices mutuels** : Identifiez des solutions qui apportent des avantages réciproques. Par exemple, vous pourriez proposer une réduction de prix en échange d'un engagement sur un volume plus important ou d'un contrat de plus longue durée. Cela permet de satisfaire les besoins des deux parties tout en renforçant la relation commerciale.
- **Long Terme** : Pensez à l'avenir

et envisagez comment l'accord peut servir les intérêts des deux parties sur le long terme. Cela pourrait inclure des engagements réciproques tels que des offres exclusives, des contrats de partenariat futurs, ou des services supplémentaires. Assurez-vous que l'accord est structuré de manière à encourager une relation continue et profitable.

Évitez les compromis préjudiciables

- **Préserver la Relation :** Lors de la négociation, évitez les compromis qui pourraient nuire à la relation avec le client. Il est crucial de veiller à ce que les concessions faites ne plombent pas la valeur globale de votre offre. Par exemple, abstenez-vous de réduire le prix de manière significative si cela impacte gravement votre marge bénéficiaire, car cela pourrait créer des tensions ou des perceptions négatives.
- **Conserver les principes :** Assurez-vous de maintenir les aspects essentiels de votre offre. Évitez des concessions trop importantes qui pourraient diminuer la valeur perçue de votre produit ou service. Gardez en tête vos objectifs principaux et les éléments qui font la force de votre proposition.

Concessions et compromis

- **Faites des concessions sur des points moins critiques :** Concentrez vos concessions sur des éléments qui sont moins cruciaux ou moins coûteux pour vous, tout en obtenant des avantages sur des points clés. Par exemple, vous pourriez octroyer des services additionnels ou un délai de livraison plus court en échange d'une commande plus importante. Cela vous permet de faire des ajustements sans compromettre les aspects fondamentaux de votre offre.

- **Évaluation des priorités :** Identifiez les éléments sur lesquels vous pouvez céder sans compromettre la valeur de votre proposition. Par exemple, vous pourriez ajuster des aspects comme la formation gratuite ou les conditions de paiement, tout en maintenant le prix de base de votre produit. Cela aide à garder l'intégrité de votre offre tout en répondant aux attentes du client.

- **Proposez des contreparties pour chaque concession :** Pour chaque concession accordée, demandez une contrepartie telle qu'une commande plus importante, des conditions de paiement plus favorables, ou un engagement plus long. Cela aide à maintenir un équilibre dans la négociation et à garantir que chaque concession est justifiée.

Soyez prêt à ajuster Votre Offre

- **Flexibilité :** Soyez prêt à adapter votre offre en fonction des nouvelles informations ou des ajustements dans les besoins du client. La flexibilité est essentielle pour répondre aux attentes changeantes et pour moduler votre proposition en conséquence. Par exemple, ajustez les modalités de paiement ou les caractéristiques du produit en fonction des préférences du client.

- **Réévaluation continue** : Évaluez régulièrement votre approche en fonction des signaux du client et des nouvelles informations. Cela peut inclure des modifications de prix, de délais ou de conditions pour s'adapter aux besoins du client tout en préservant la valeur de votre offre.

3 Gestion des Objections

Les objections font partie intégrante du processus de vente et sont souvent un signe positif, indiquant l'intérêt du client et la nécessité de clarifier certains aspects de votre offre. Une bonne gestion des objections permet non seulement de surmonter les obstacles à la vente, mais aussi de renforcer la relation avec le client. Voici comment aborder cette étape cruciale avec efficacité :

Comprendre les Objections

1. Types d'Objections :

Les objections peuvent se manifester sous différentes formes, chacune exprimant une préoccupation spécifique du client. Les principales catégories d'objections sont les suivantes :

- **Prix** : « C'est trop cher. » Cette objection concerne le coût du produit par rapport au budget du client. Pour y répondre, il est essentiel de démontrer la valeur ajoutée de votre offre et le retour sur investissement attendu. Présentez des arguments clairs montrant comment votre produit ou service justifie son prix par ses avantages uniques et ses bénéfices à long terme.
- **Délais** : « Nous avons besoin de cela plus rapidement. » Lorsque l'objection porte sur le temps nécessaire pour la livraison ou la mise en œuvre, il est important de montrer comment vous pouvez répondre aux besoins urgents du client. Proposez des solutions alternatives comme des délais accélérés ou des options de livraison express pour satisfaire cette demande.
- **Concurrence** : « Nous avons une meilleure offre ailleurs. » Cette objection est liée à des propositions concurrentes perçues comme plus avantageuses. Comparez les bénéfices de votre offre avec ceux des concurrents et mettez en avant vos points forts. Soulignez les aspects uniques de votre produit ou service qui le

rendent plus adapté aux besoins du client.

2. Raisons des Objections :

Comprendre les raisons sous-jacentes des objections est crucial pour les traiter efficacement. Les objections révèlent souvent des préoccupations profondes ou des contraintes spécifiques que vous devez adresser. Voici les principales raisons pour lesquelles les objections peuvent survenir :

- **Manque de Budget** : Le client n'a pas suffisamment de fonds pour couvrir le coût. Cette objection indique une contrainte financière qui peut nécessiter une réévaluation de votre offre ou des options de financement adaptées. Proposez des solutions comme des plans de paiement échelonnés pour rendre l'investissement plus abordable. Par exemple, vous pourriez offrir des modalités de versement telles que 50 % à la signature, 25 % à la validation, et 25 % au déploiement. Expliquez également comment votre solution apportera un retour sur investissement qui justifie la dépense. Si le budget reste un obstacle, concluez la conversation professionnellement en restant disponible pour de futures opportunités lorsque la situation financière du client s'améliorera.
- **Expériences passées négatives** : Le client a eu

des expériences défavorables avec des produits similaires par le passé. Cette objection révèle une méfiance due à des expériences antérieures. Rassurez le client en démontrant comment votre solution se distingue par sa qualité et ses avantages. Présentez des témoignages, des études de cas, ou des preuves pour illustrer les améliorations apportées par rapport aux solutions précédentes.

- **Méfiance envers les Nouvelles Solutions :** Le client est réticent à adopter de nouvelles technologies ou méthodes. Cette objection reflète une hésitation à changer ou à tester quelque chose de nouveau. Pour y remédier, fournissez des preuves solides de la fiabilité et de l'efficacité de votre solution. Offrez des démonstrations ou des périodes d'essai pour permettre au client de se familiariser avec le produit et de constater ses avantages par lui-même.

En comprenant les objections et en abordant les préoccupations du client de manière stratégique, vous serez mieux préparé à naviguer dans les défis du processus de vente et à établir des solutions qui répondent aux besoins des deux parties.

4 Méthode SONCAS

La méthode SONCAS est un outil de vente et de négociation largement utilisé pour mieux comprendre et répondre aux motivations et aux préoccupations des clients. Acronyme de **Sécurité, Orgueil, Nouveauté, Confort, Argent et Sympathie**, SONCAS permet de cerner les différents leviers émotionnels et rationnels qui influencent les décisions d'achat. En identifiant et en considérant ces besoins spécifiques, cette méthode aide à personnaliser l'approche commerciale pour répondre de manière plus ciblée et efficace aux attentes du client.

Chacune des six dimensions du modèle SONCAS représente un aspect crucial que vous devez considérer pour établir une relation de confiance et convaincre vos interlocuteurs. Cette approche permet non seulement de mieux comprendre les motivations profondes des clients, mais aussi de formuler des propositions qui répondent directement à leurs attentes, renforçant ainsi les chances de succès dans le processus de vente. Dans cette section, nous explorerons en détail chaque composant de la méthode SONCAS et comment l'appliquer pour optimiser vos interactions commerciales.

Sécurité : Répondez aux Préoccupations du Client

La dimension **Sécurité** de la méthode SONCAS se concentre sur les préoccupations du client relatives à la stabilité, à la fiabilité et à la sécurité associées à l'offre proposée. Les clients cherchent à s'assurer que les solutions qu'ils choisissent ne présentent pas de risques de performances et qu'elles garantiront une protection adéquate contre d'éventuels problèmes ou vulnérabilités.

1. Importance de la Sécurité pour le Client

Pour de nombreux clients, surtout dans des secteurs où les données sensibles et les informations confidentielles sont cruciales, la sécurité est une priorité absolue. Les inquiétudes peuvent inclure la protection contre les cyberattaques, la conformité aux réglementations, la robustesse du produit et la continuité du service. Ignorer ces préoccupations peut nuire à la confiance et à la décision d'achat.

2. Comment aborder les Préoccupations de Sécurité

Pour parler efficacement des préoccupations relatives à la sécurité, il est crucial de fournir des informations claires et détaillées sur les mesures de contrôle mises en place. Voici quelques points clés à aborder :

- **Conformité aux normes :**

Expliquez comment votre solution répond aux normes de sécurité internationales et aux réglementations spécifiques de l'industrie. Par exemple : « Notre solution est conforme aux normes de sécurité les plus strictes, telles que le RGPD pour la protection des données personnelles, garantissant ainsi la protection de vos données sensibles. »

- **Certifications et audits** : Mentionnez les certifications obtenues et les audits réalisés pour valider la sécurité de votre offre. Par exemple : « Nous avons obtenu la certification ISO 27001, ce qui atteste de notre engagement envers la gestion rigoureuse de la sécurité de l'information. »
- **Technologies de Sécurité** : Détaillez les technologies de sécurité intégrées, telles que le chiffrement des données, les pare-feu avancés, et les systèmes de détection des intrusions. Par exemple : « Notre solution utilise un chiffrement de niveau militaire pour protéger vos données pendant leur transmission et leur stockage. »
- **Support et réponse aux incidents** : Assurez le client de la présence d'un support technique et d'un plan de réponse en cas d'incident. Par exemple : « Nous offrons un support 24/7 avec une équipe dédiée à la gestion des incidents pour garantir une prise en charge rapide en cas de problème. »

3. Exemple concret

Imaginons que vous proposez une solution de gestion des données pour une entreprise de taille moyenne. Le client exprime des inquiétudes quant à la sécurité des informations sensibles qu'il gère. Vous pourriez répondre en mettant en avant les aspects suivants :

« Notre solution est conçue avec une architecture de sécurité robuste qui inclut des mécanismes de chiffrement des données à chaque étape du processus, de la collecte à l'archivage. De plus, nous avons mis en place des audits de sécurité réguliers et avons obtenu des certifications telles que le SOC 2 pour garantir la conformité aux standards les plus élevés en matière de protection. Nous avons également une équipe dédiée qui surveille les systèmes en continu pour détecter et prévenir toute menace. Je peux vous envoyer tous les documents dont vous auriez besoin. »

En répondant de manière détaillée aux préoccupations de sécurité, vous démontrez non seulement la fiabilité de votre offre, mais aussi votre compréhension des priorités du client, ce qui renforce la confiance et favorise la décision d'achat.

> **Orgueil** : Valorisez l'Excellence et la pertinence de Votre Offre

La dimension **Orgueil** de la méthode SONCAS

touche aux aspects de la reconnaissance et de la valorisation personnelle que le client cherche à maintenir ou à améliorer. Les clients veulent souvent s'assurer que leur choix reflète leur bon jugement et leur statut, et qu'ils peuvent se sentir fiers de leur décision d'achat. Ils apprécient les solutions qui non seulement répondent à leurs besoins, mais aussi renforcent leur image professionnelle et leur position dans leur secteur.

1. Importance de l'Orgueil pour le Client

Pour de nombreux clients, surtout dans des environnements hautement compétitifs ou prestigieux, le choix d'une solution doit refléter leurs propres succès et compétences. Une offre qui répond à ces attentes peut aider à renforcer leur position et leur crédibilité au sein de leur organisation ou dans leur domaine d'activité. Ignorer cet aspect pourrait conduire à des décisions moins favorables ou à une perte de confiance.

2. Comment aborder les Préoccupations d'Orgueil

Pour répondre efficacement à l'aspect orgueil, il est important de mettre en avant comment votre offre correspond non seulement aux exigences techniques, mais aussi se distingue par sa qualité et sa pertinence. Voici quelques éléments à considérer :

- **Qualité et Excellence** : Soulignez les caractéristiques exceptionnelles de votre produit ou service, en mettant en avant les éléments qui témoignent de son excellence et de sa qualité. Par exemple : « Notre produit a été primé pour son innovation et sa performance, reflétant notre engagement envers l'excellence. »

- **Réputation et références** : Présentez des témoignages ou des études de cas de clients prestigieux qui utilisent déjà votre solution, afin de montrer que votre offre est appréciée et reconnue dans le secteur. Par exemple : « Des entreprises leaders dans votre secteur utilisent notre solution pour améliorer leurs opérations, ce qui témoigne de sa pertinence et de sa fiabilité. »

- **Personnalisation et adaptation** : Mettez en avant comment votre offre est spécialement conçue pour s'adapter aux besoins spécifiques du client, montrant ainsi que vous avez pris en compte leur situation unique. Par exemple : « Nous avons personnalisé notre solution pour parfaitement nous intégrer avec vos systèmes actuels, ce qui assure un déploiement fluide »

- **Impact positif sur l'image du Client** : Décrivez, si vous le pensez, comment l'adoption de votre solution peut améliorer la perception et l'image du client auprès de ses parties prenantes. Par exemple : « En choisissant notre solution, vous démontrez votre engagement envers l'innovation et la qualité, renforçant ainsi votre position de leader sur le marché. »

3. Exemple concret

Imaginons que vous proposez un logiciel de gestion de projet à une entreprise réputée. Le client pourrait s'interroger sur la manière dont cette solution reflète son niveau d'excellence et son image de marque. Vous pourriez répondre en soulignant :

« Nous avons conçu notre produit pour nous intégrer parfaitement avec vos systèmes existants, ce qui garantit non seulement une mise en œuvre sans heurts, mais aussi une amélioration notable de vos processus de gestion de projet. De plus, notre solution est utilisée par des leaders de l'industrie, ce qui souligne sa qualité et sa capacité à répondre aux standards les plus élevés. Vous serez ainsi en mesure de démontrer votre engagement envers les meilleures pratiques et l'innovation dans votre domaine. »

En mettant en avant la qualité et la pertinence de votre offre, vous aidez le client à voir comment le choix de votre solution peut renforcer son statut et sa réputation, tout en répondant efficacement à ses besoins et exigences.

Nouveauté : Mettez en avant les aspects innovants de Votre Produit

La dimension **Nouveauté** de la méthode SONCAS est centrée sur l'attrait de l'innovation et des caractéristiques distinctives de votre produit ou service. Les clients, en particulier ceux qui sont motivés par le désir de se démarquer et d'adopter les dernières technologies, cherchent souvent à savoir comment votre offre peut leur fournir un avantage distinct par rapport aux solutions existantes sur le marché.

1. Importance de la Nouveauté pour le Client

Les aspects innovants et les fonctionnalités nouvelles attirent l'attention des clients qui souhaitent rester à la pointe de la technologie ou bénéficier d'une avance concurrentielle. Pour ces clients, la nouveauté n'est pas seulement un attrait ; elle est souvent perçue comme un moyen de résoudre des problèmes de manière plus efficace ou de répondre à des besoins de façon plus moderne et adaptée.

2. Comment mettre en avant la Nouveauté

Pour exploiter l'attrait de la nouveauté, il est crucial de présenter les aspects innovants de votre produit ou service de manière claire et convaincante. Voici quelques approches pour mettre en avant ces aspects :

- **Technologies avancées** : Détaillez les technologies ou les méthodologies innovantes utilisées dans votre produit. Par exemple : « Notre technologie intègre des algorithmes d'intelligence artificielle de pointe qui permettent une analyse prédictive précise et

une personnalisation en temps réel. »
- **Fonctionnalités uniques** : Mettez en avant les fonctionnalités que votre produit propose et qui ne sont pas disponibles avec d'autres solutions sur le marché. Par exemple : « Nous avons développé une fonctionnalité de réalité augmentée qui permet une visualisation immersive des produits, offrant ainsi une expérience utilisateur unique. »
- **Avantages concurrentiels** : Expliquez comment l'innovation de votre produit donne au client un avantage sur ses concurrents. Par exemple : « Grâce à notre système de traitement ultrarapide, vous pouvez traiter des transactions en un temps record, vous offrant ainsi un avantage décisif en matière de rapidité et d'efficacité. »
- **Études de cas et témoignages** : Fournissez des exemples concrets de la manière dont l'innovation a bénéficié à d'autres clients. Par exemple : « Nos clients dans le secteur de la finance ont constaté une réduction de 30 % du temps de traitement des données grâce à notre technologie innovante. »

3. Exemple concret

Imaginons que vous proposez une nouvelle plateforme de gestion des ressources humaines avec des fonctionnalités avancées. Le client pourrait être intéressé par la manière dont cette plateforme se distingue des solutions traditionnelles. Vous pourriez répondre en soulignant :

« Notre plateforme utilise des algorithmes d'apprentissage automatique pour analyser les performances des employés et proposer des recommandations personnalisées pour leur développement professionnel. De plus, notre interface utilisateur est conçue avec une technologie de réalité virtuelle, permettant une gestion des ressources humaines plus interactive et engageante. Ces innovations vous offriront un avantage concurrentiel significatif en améliorant le management des talents et en augmentant la satisfaction des employés. »

En mettant en avant les aspects innovants de votre produit, vous démontrez non seulement sa modernité, mais aussi comment il répond aux besoins contemporains des clients et les aide à se démarquer dans leur secteur.

Confort : Assurez-vous que l'Offre améliore le Confort du Client

La dimension **Confort** de la méthode SONCAS est axée sur la facilité d'utilisation et la convivialité de votre produit ou service. Les clients apprécient les solutions qui simplifient leurs tâches, réduisent les efforts nécessaires pour un usage efficace et minimisent les obstacles à l'adoption. En mettant en avant le confort que votre offre procure, vous démontrez comment elle peut améliorer l'expérience quotidienne du client et faciliter son intégration dans ses opérations.

1. Importance du Confort pour le Client

Le confort est crucial pour les clients qui recherchent des solutions intuitives et pratiques qui s'intègrent harmonieusement dans leurs processus existants. Un produit facile à utiliser et qui nécessite peu d'efforts supplémentaires est souvent préféré, car il permet d'éviter des complications inutiles et de maximiser l'efficacité. Un produit ou un service qui améliore le confort contribue à une adoption plus rapide et à une satisfaction accrue des utilisateurs.

2. Comment mettre en avant le Confort

Pour mettre en avant le confort que votre produit ou service apporte, il est essentiel de démontrer comment il simplifie les tâches et réduit les efforts requis. Voici quelques éléments à mettre en lumière :

- **Interface conviviale** : Soulignez la simplicité et l'intuitivité de l'interface utilisateur. Par exemple : « Notre solution est dotée d'une interface conviviale et facile à naviguer, ce qui permet aux utilisateurs de trouver rapidement les fonctionnalités dont ils ont besoin. »
- **Facilité d'intégration** : Décrivez comment votre produit s'intègre facilement avec les systèmes et les processus existants du client.

Par exemple : « Notre outil se connecte aisément à vos logiciels actuels, évitant ainsi des configurations complexes et des interruptions de service. »

- **Réduction des Besoins en Formation** : Mettez en avant comment la conception de votre produit restreint le besoin de formation approfondie. Par exemple : « Grâce à son design intuitif, notre solution nécessite peu ou pas de formation, permettant à vos employés de devenir opérationnels presque immédiatement. »
- **Support et assistance** : Assurez le client de la disponibilité d'un support accessible pour résoudre rapidement tout incident éventuel. Par exemple : « Nous offrons un support client réactif et disponible 24/7 pour garantir une résolution rapide de tout problème et assurer une expérience sans tracas. »

3. Exemple concret

Imaginons que vous proposez une nouvelle application de gestion de projet destinée à une équipe de travail. Le client pourrait être intéressé par la facilité d'utilisation de l'application. Vous pourriez répondre en soulignant :

« Notre application est conçue avec une interface utilisateur extrêmement intuitive qui permet aux membres de votre équipe de créer et de gérer des projets en quelques clics. Les fonctionnalités sont accessibles via un tableau de bord centralisé,

simplifiant ainsi la gestion quotidienne des tâches. De plus, grâce à des guides interactifs intégrés et à des vidéos de formation courtes, vos employés pourront commencer à utiliser l'application efficacement sans nécessiter une formation extensive. Cela se traduit par une adoption rapide et une réduction significative des efforts de mise en œuvre. »

En mettant l'accent sur le confort que votre produit ou service procure, vous montrez comment il facilite la vie du client, optimise ses opérations et contribue à une expérience utilisateur plus agréable et efficace.

Argent : Montrez comment Votre Offre permet d'économiser de l'Argent ou d'améliorer la rentabilité

La dimension **Argent** de la méthode SONCAS est axée sur la manière dont votre produit ou service aide le client à réaliser des économies ou à améliorer sa rentabilité. Les clients sont souvent sensibles aux aspects financiers lorsqu'ils prennent une décision d'achat, cherchant à comprendre comment un investissement va impacter leur budget, leurs coûts d'exploitation et leur retour sur investissement. En mettant en avant les avantages économiques de votre offre, vous démontrez non seulement sa valeur, mais aussi son potentiel à générer des bénéfices tangibles pour le client.

1. Importance de l'aspect financier pour le Client

L'aspect financier est crucial pour les clients qui cherchent à maximiser leur retour sur investissement et à optimiser leurs coûts. Un produit ou un service qui présente des avantages financiers clairs peut faciliter la décision d'achat en prouvant que le coût initial est compensé par des économies ou une amélioration significative de la rentabilité. Les clients veulent s'assurer que leur investissement apportera des bénéfices mesurables et durables.

2. Comment mettre en avant les avantages financiers

Pour mettre en avant comment votre offre permet d'économiser de l'argent ou d'améliorer la rentabilité, il est important de fournir des preuves claires et des calculs détaillés. Voici quelques approches pour démontrer les avantages financiers :

- **Économies de coûts** : Montrez comment votre produit ou service permet de réduire les coûts d'exploitation ou d'autres dépenses. Par exemple : « En utilisant notre solution, vous pouvez réduire vos coûts énergétiques de 15 % grâce à une technologie de gestion de l'énergie plus efficace. »
- **Amélioration de la productivité** : Expliquez comment votre offre améliore la productivité, ce qui peut conduire à des économies

indirectes ou à une augmentation des revenus. Par exemple : « Notre logiciel de gestion de projet améliore l'efficacité des équipes, permettant ainsi une réduction de 25 % du temps de gestion des projets. »
- **Retour sur investissement (ROI)** : Fournissez des calculs de retour sur investissement pour montrer comment le coût initial est compensé par les économies ou les gains futurs. Par exemple : « Avec une réduction des coûts opérationnels de 20 %, le retour sur investissement est atteint en seulement six mois. »
- **Réduction des risques financiers** : Mettez en avant comment votre offre minimise les risques financiers associés à des erreurs ou à des inefficacités. Par exemple : « Notre solution permet de réduire les erreurs humaines de 30 %, évitant ainsi des coûts imprévus liés aux corrections et aux pertes. »

3. Exemple concret

Imaginons que vous proposez une solution de gestion des stocks pour une chaîne de distribution. Le client pourrait être préoccupé par le coût initial de la mise en œuvre. Vous pourriez répondre en détaillant les économies potentielles :

« En adoptant notre solution de gestion des stocks, vous bénéficierez d'une réduction de 20 % de vos coûts de stockage grâce à une optimisation accrue des niveaux de stock et à la réduction des excédents. De

plus, notre technologie avancée permet de minimiser les ruptures de stock et les surstocks, ce qui se traduit par une augmentation des ventes et une meilleure gestion des ressources. En prenant en compte ces économies et l'augmentation de votre rentabilité, le coût initial de la solution sera largement compensé en moins de neuf mois. »

En mettant en avant les avantages financiers de votre produit ou service, vous aidez le client à voir comment il peut améliorer sa situation économique, ce qui rend votre offre plus attrayante et pertinente dans le cadre de ses objectifs financiers.

Sympathie : Créez une connexion personnelle avec le Client et Montrez de l'Empathie envers Ses Préoccupations

La dimension **Sympathie** de la méthode SONCAS est axée sur la construction d'une relation positive et authentique avec le client. Les clients sont plus enclins à faire affaire avec des personnes en qui ils ont confiance et avec lesquelles ils se sentent en affinité. En créant une connexion personnelle et en montrant de l'empathie, vous établissez une base solide pour une relation de collaboration mutuellement bénéfique.

1. Importance de la Sympathie pour le Client

La sympathie est essentielle pour créer une atmosphère de confiance et de confort. Les clients préfèrent interagir avec des personnes qui montrent qu'elles comprennent leurs besoins, préoccupations et défis. Une approche empathique peut aider à apaiser les inquiétudes, à établir une bonne relation et à renforcer la volonté du client de s'engager avec vous. En montrant de la sympathie, vous allez au-delà des aspects purement commerciaux et établissez une connexion humaine qui favorise la fidélité et la satisfaction du client.

2. Comment créer une connexion personnelle et montrer de l'Empathie

Pour développer la sympathie dans vos interactions avec les clients, il est important de démontrer une véritable compréhension de leurs besoins et de leurs préoccupations. Voici quelques stratégies efficaces :

- **Écoute active** : Faites preuve d'une écoute attentive pour comprendre pleinement les préoccupations du client. Si nécessaire, reformulez ce que vous avez entendu pour montrer que vous avez bien compris. Par exemple : « Si je comprends bien, vous êtes préoccupé par la manière dont cette solution

pourrait s'adapter à vos processus existants, n'est-ce pas ? »
- **Réponse personnalisée** : Adaptez vos réponses en fonction des besoins spécifiques du client, en montrant que vous avez pris en compte ses particularités. Par exemple : « Je vois que vous avez des contraintes budgétaires importantes. Nous pouvons ajuster notre proposition pour qu'elle corresponde à votre budget tout en répondant à vos besoins essentiels. »
- **Affirmation de compréhension** : Exprimez clairement que vous comprenez les défis ou les préoccupations du client et que vous êtes là pour les résoudre. Par exemple : « Je comprends tout à fait vos préoccupations concernant la transition vers notre solution. Mon objectif est de vous accompagner tout au long du processus pour garantir une intégration fluide et sans accrocs. »
- **Expression d'Empathie** : Utilisez des phrases empathiques pour montrer que vous partagez les sentiments du client et que vous êtes engagé à l'aider. Par exemple : « Je peux imaginer que la gestion de ces nouveaux changements peut être stressante. Je suis ici pour m'assurer que tout se passe au mieux et pour répondre à toutes vos questions. »

3. Exemple concret

Supposons que vous parlez à un client préoccupé par le coût et la complexité de la mise en œuvre d'une nouvelle solution logicielle. Vous pourriez dire :

« Je comprends parfaitement vos préoccupations et c'est tout à fait normal de vouloir s'assurer que chaque étape soit bien gérée. Je suis ici pour travailler avec vous afin de trouver des solutions adaptées à votre budget et de simplifier autant que possible la mise en œuvre. Nous pouvons également offrir une formation et un accompagnement pour vous aider à chaque étape du processus. Mon objectif est de faire en sorte que vous vous sentiez à l'aise et accompagné tout au long de cette transition. »

En établissant une connexion personnelle et en montrant de l'empathie, vous créez un climat de confiance et de compréhension, ce qui favorise une relation plus positive et constructive avec le client. Cela contribue non seulement à résoudre les préoccupations, mais aussi à renforcer l'engagement et la satisfaction à long terme.

5 Reconnaître les signaux d'achat :

Les signaux d'achat sont des indicateurs essentiels que les clients potentiels émettent lorsqu'ils sont prêts à avancer dans le processus d'acquisition. Reconnaître et interpréter correctement ces signaux permet aux vendeurs de saisir des opportunités au bon moment et de répondre aux besoins des clients de manière appropriée. Ces signaux peuvent être verbaux, comme des questions spécifiques sur les modalités d'achat ou les caractéristiques du produit, ou non verbaux, telles que des gestes d'approbation ou une attention accrue lors de la présentation.

Les signaux :

1. Questions sur les m**odalités**

Les questions concernant les modalités d'achat ou les prochaines étapes sont des signaux positifs indiquant que le client est proche de la décision d'achat. Ces questions montrent que le client envisage sérieusement de finaliser l'achat et qu'il veut savoir comment procéder.

Exemple : « Quand pouvez-vous nous envoyer le contrat pour finaliser la commande ? »
Analyse : Cette question indique que le client est prêt à formaliser l'accord et qu'il se prépare à l'étape finale du processus de vente.
Réponse efficace : « Je peux vous envoyer le contrat dès aujourd'hui. Une fois signé, nous pourrons planifier la livraison et la mise en œuvre selon votre calendrier. Quelle date vous conviendrait le mieux pour commencer ? »

2. Intérêt pour les d**étails**

Les questions spécifiques sur les détails du produit

ou des conditions sont des indicateurs d'un intérêt sérieux. Elles montrent que le client envisage comment le produit ou le service s'intégrera dans son environnement ou répondra à ses besoins.

Exemple : « Pouvez-vous m'expliquer comment cette fonctionnalité fonctionne en pratique ? »
Analyse : Le client cherche à comprendre les aspects pratiques de l'utilisation du produit, ce qui montre qu'il se projette dans son utilité réelle et sa compatibilité avec ses besoins.
Réponse efficace : « Bien sûr, permettez-moi de vous montrer une démonstration en direct de cette fonctionnalité. Elle permet de [description détaillée], ce qui vous aidera à [avantages spécifiques pour le client]. Après la démonstration, je peux également vous fournir des études de cas de clients existants pour voir comment elle est utilisée en pratique. Cela vous convient-il ? »

3. Expressions de **satisfaction**

Les commentaires positifs sur l'offre ou la satisfaction générale indiquent que le client est prêt à avancer. Ces expressions montrent que le client voit la valeur de la proposition et envisage sérieusement de passer à l'achat.

Exemple : « Cela semble vraiment répondre à nos besoins. Quelles sont les prochaines étapes ? »
Analyse : Ce commentaire montre que le client est satisfait de l'offre et qu'il est prêt à entamer les

démarches nécessaires pour finaliser l'achat.
Réponse efficace : « Je suis ravi d'entendre que notre offre répond à vos besoins. Les prochaines étapes consistent à [décrire les étapes suivantes, par exemple : signer le contrat, organiser une réunion de mise en œuvre, etc.]. Je peux préparer les documents nécessaires dès maintenant. Je vous envoie le devis qu'il fait me retourner signé et je vous propose que nous fixions dès maintenant le prochain rendez-vous pour discuter des détails de la mise en œuvre via un planning prévisionnel. Est-ce que cela vous convient ? »

Conclusion du chapitre 5

L'étape de conclusion des ventes est cruciale dans le processus commercial. C'est à ce moment que tous vos efforts de prospection, de présentation et de négociation aboutissent à un engagement concret de la part du client. Une conclusion réussie ne repose pas uniquement sur la qualité de votre produit ou service, mais aussi sur votre capacité à finaliser l'accord de manière efficace et satisfaisante pour toutes les parties.

La conclusion d'une vente est une étape essentielle où toutes les discussions préalables et les efforts de persuasion doivent se concrétiser. À ce stade, l'objectif est de transformer les signaux d'achat en un engagement ferme et de finaliser l'accord de manière professionnelle et efficace. Pour réussir cette étape cruciale, il est important de s'assurer que toutes les conditions sont clairement définies et comprises par les deux parties. Une vérification minutieuse des détails de l'accord, accompagnée d'une confirmation écrite, est indispensable pour éviter tout malentendu et garantir une base solide pour la relation commerciale.

La planification des prochaines étapes joue également un rôle clé. Un suivi bien structuré après la conclusion de la vente assure une transition fluide et renforce la relation avec le client, préparant ainsi le terrain pour une collaboration future réussie. En mettant en œuvre ces pratiques avec diligence, vous pouvez non seulement finaliser l'accord de manière efficace, mais aussi renforcer la satisfaction et la fidélité du client. Une conclusion réussie est le reflet de votre capacité à comprendre et à répondre aux besoins du client, et elle constitue la clé pour établir des relations durables et fructueuses.

◆ ◆ ◆

« Lorsque l'on est résolument déterminé à ne pas échouer, l'échec est impossible. » Abraham Lincoln.

◆ ◆ ◆

CHAPITRE 6 : FORMATION ET DÉVELOPPEMENT DES COMPÉTENCES

Vous êtes dans le feu de l'action. Chaque jour, vous vous battez pour décrocher des contrats, conclure des affaires, et dépasser les attentes. Mais que faites-vous pour rester au sommet, pour vous améliorer constamment et écraser la concurrence ? La réponse est simple : la formation et le développement des compétences. Si vous voulez être le meilleur, vous devez investir en vous-même comme jamais auparavant. Vous ne pouvez pas rester stagnant dans un marché en perpétuelle évolution. Vous devez évoluer. Voici comment transformer votre formation en un moteur de succès.

Formation continue

Objectif : Restez à la pointe. Dominez votre domaine. La formation continue n'est pas une option, c'est une nécessité. Vous devez constamment aiguiser vos compétences, vous tenir informé des dernières techniques et maîtriser les nouvelles tendances.

Méthode : Engagez-vous sans réserve dans votre apprentissage. Absorbez des livres qui vous challengent, plongez dans des cours en ligne qui vous poussent hors de votre zone de confort, assistez à des séminaires et conférences pour absorber la sagesse des meilleurs dans le domaine. Que vous ayez besoin d'affiner vos techniques de négociation, de maîtriser les derniers outils CRM, ou d'acquérir des stratégies de vente avant-gardistes, il y a toujours une nouvelle hauteur à atteindre. Ne vous arrêtez pas lorsque vous avez atteint une compétence. Avancez toujours, et préparez-vous à dominer les défis qui se dressent devant vous.

Évaluation des performances

Objectif : Révélez vos véritables capacités. Pour être le meilleur, vous devez comprendre vos forces et vos faiblesses. L'évaluation des performances est votre miroir et vous aide à cerner ce qui fonctionne et ce qui nécessite des ajustements.

Méthode : Utilisez des outils d'évaluation : revues de performance périodiques, auto-évaluations, et feedbacks constructifs de vos superviseurs et collègues. Examinez vos résultats avec un œil critique. Les KPI tels que les taux de conversion, le nombre de prospects qualifiés, et le volume des ventes doivent être vos guides. Définissez des objectifs spécifiques et surveillez vos progrès. Réajustez vos stratégies comme un athlète réajuste son entraînement pour atteindre des sommets inexplorés.

Motivation, Discipline et récompenses

Objectif : Maintenez le feu sacré qui sommeille en vous. La motivation et la discipline sont vos alliées dans la bataille quotidienne. Sans elles, même les meilleurs plans échouent. Vous devez rester engagé, concentré, et toujours chercher à dépasser vos propres limites.

Méthode : Créez des routines qui nourrissent votre

motivation. Fixez-vous des objectifs personnels clairs et célébrez chaque victoire, aussi petite soit-elle. Identifiez ce qui vous motive profondément — que ce soit des récompenses financières, des reconnaissances publiques, ou des opportunités de développement professionnel. Entourez-vous de personnes qui partagent votre ambition, et engagez-vous dans des sessions de coaching qui vous poussent à être le meilleur. Développez des habitudes qui renforcent votre discipline et maintiennent votre engagement à un niveau élevé.

Développement des Compétences Soft Skills

Objectif : Perfectionnez l'art de la communication et de l'interaction. Les compétences non techniques telles que la communication efficace, la gestion du temps, et la résolution de conflits sont essentielles pour exceller dans vos interactions avec les clients et améliorer votre performance globale.

Méthode : Investissez dans des formations, des livres et ateliers dédiés aux compétences interpersonnelles. Travaillez sur l'écoute active, développez votre empathie, et améliorez vos capacités de négociation. La pratique régulière dans vos relations quotidiennes est cruciale. Chaque conversation est une opportunité pour affiner ces compétences. Devenez un maître de l'interaction et voyez comment cela transforme vos relations et vos résultats.

« L'un des plus beaux cadeaux dans la vie, c'est de pouvoir travailler dur pour quelque chose qui en vaut la peine. » Théodore Roosevelt

CONCLUSION DE FIN

Il est temps de prendre les rênes de votre destinée.

Vous avez terminé ce livre. Vous avez absorbé des connaissances, des stratégies, des techniques destinées à transformer votre approche de la vente. Mais laissez-moi vous dire une chose : le véritable travail commence maintenant. Ce ne sont pas les pages que vous avez lues qui vont changer votre vie. C'est vous, et uniquement vous, qui avez le pouvoir de faire la différence.

Chaque chapitre, chaque concept que vous avez exploré est une pièce du puzzle. Vous avez appris l'importance de la persévérance et de la résilience — ces qualités de caractère qui font la différence entre ceux qui réussissent et ceux qui abandonnent. Vous avez découvert comment la discipline peut transformer vos journées, votre efficacité, et votre mentalité. Vous avez exploré des techniques spécifiques pour maximiser vos ventes, pour transformer des prospects en clients fidèles, et pour conclure des affaires avec une maîtrise absolue.

Mais la vérité brutale, c'est que tout ce savoir ne vaut rien si vous ne le mettez pas en pratique. Chaque technique, chaque méthode, chaque stratégie doit être mise en œuvre avec une détermination inébranlable. Vous allez rencontrer des obstacles. Vous allez faire face à des échecs. Vous allez connaître des moments où tout semblera aller contre vous. Et ces moments, croyez-moi, sont ceux qui forgent votre succès.

Ne vous contentez pas de lire ce livre comme un simple guide. Faites-le devenir une partie intégrante de votre vie. Sortez de votre zone de confort. Soyez celui ou celle qui ne connaît pas le mot «impossible». Faites face à chaque obstacle avec une détermination féroce. Utilisez chaque échec comme une leçon, chaque victoire comme un tremplin pour aller encore plus loin.

La route vers le succès est longue, et elle est remplie de défis. Vous serez mis à l'épreuve. Vous aurez des moments de doute. Mais sachez ceci : chaque défi que vous rencontrez est une occasion de vous renforcer, de vous affiner, et de vous rapprocher de vos objectifs. Ne laissez pas les excuses vous arrêter. Ne laissez pas les échecs vous définir. Chaque difficulté est une opportunité pour prouver à vous-même que vous êtes capable de plus.

Vous avez les outils. Vous avez les techniques. Vous avez la connaissance. Maintenant, il vous faut l'action. Enfilez vos gants, préparez-vous à l'affrontement, et entrez dans l'arène avec une détermination sans faille. Soyez celui ou celle qui ne laisse rien au hasard, qui ne recule devant aucun obstacle, et qui transforme chaque obstacle en opportunité.

La clé de votre succès réside dans votre volonté de vous dépasser. Ne vous arrêtez jamais. Soyez celui ou celle qui travaille plus dur que tout le monde, qui persévère malgré les défis, et qui fait de ses rêves une réalité.

Vous avez ce qu'il faut en vous. Faites-le, maintenant. Le monde n'attend que vous pour montrer ce que vous êtes capable de réaliser. Allez de l'avant avec la certitude que vous pouvez atteindre vos objectifs. Soyez inflexible, soyez implacable, et montrez au monde ce dont vous êtes vraiment capable.

Faites-le avec audace, sans compromis. Révélez la puissance de votre potentiel. Montrez-leur ce que signifie vraiment d'être inarrêtable !

« Il ne suffit pas d'avoir des objectifs. Il faut des objectifs et des dates limites. Des objectifs suffisamment ambitieux pour être motivants et des dates limites pour avancer. Si l'un sans l'autre n'est pas très efficace, les deux réunis peuvent accomplir des merveilles. » Ben Feldman — Acteur

◆ ◆ ◆

A propos de l'auteur

Je n'ai pas démarré ma carrière en vente avec toutes les compétences nécessaires. En fait, j'ai commencé ma carrière en tant que simple commercial, avec un travail qui, très vite, m'a dégouté du métier. Pendant deux ans, je n'ai fait que de la prospection téléphonique, et je me suis dit que ce monde n'était pas pour moi. J'ai ensuite travaillé dans un centre d'appel, ce qui m'a donné un peu plus de recul, mais ça ne m'a pas vraiment inspiré non plus.

C'est là que j'ai décidé de reprendre mes études. J'ai intégré une école de commerce par le biais d'un Fongécif et j'ai validé un Bac+4, pensant que c'était mon billet pour un autre monde. Avec mon diplôme en poche, je me suis dirigé vers le marketing, un domaine qui me parlait plus, et j'y suis resté plus de dix ans. Mais quelque chose manquait. Ce n'était pas le challenge que je recherchais, pas cette adrénaline que j'avais ressentie lors de mes premiers contacts avec les clients. J'avais besoin de revenir à l'action.

C'est ce qui m'a ramené à la vente. Depuis cinq ans, je travaille comme commercial grand compte, et je peux enfin dire que j'ai trouvé ma voie. Ce qui est ironique, c'est que beaucoup de gens dans ma vie, que ce soit mes proches ou même mes anciens collègues, m'ont toujours dit que j'avais cette « fibre commerciale ». Ils m'encourageaient à persévérer dans ce métier que j'avais d'abord fui. Finalement, ils avaient raison. Mais ça n'a pas toujours été facile. Quand je suis revenu dans la vente, j'ai eu un énorme obstacle à surmonter : moi-même. Je n'avais pas de méthode, mon état d'esprit était fragile, et je remettais constamment en question mon choix de carrière. Je me disais que j'avais peut-être fait une erreur, que ce n'était en fin de compte pas pour moi. J'étais au plus bas.

Alors j'ai fait ce que font beaucoup de gens dans cette situation : je me suis plongé dans les livres. J'ai étudié des tonnes de bouquins sur le Mindset, sur les techniques de vente, de négociation et bien d'autres. Je me suis entrainé encore et encore, j'ai pratiqué, et petit à petit, j'ai retrouvé confiance. Aujourd'hui même, j'apprends chaque jour. Je suis toujours en train de m'améliorer, de chercher de nouvelles façons de devenir meilleur. Parce que c'est ça le truc avec la vente : vous ne finissez jamais d'apprendre.

Ce que j'aime le plus dans ce métier, c'est de trouver des solutions pour mes clients. La vente, ce n'est pas simplement vendre un produit. C'est créer une relation, comprendre le besoin de l'autre, et apporter la meilleure solution possible. J'adore cette citation de Theodore Levitt qui dit : « Les gens n'ont pas besoin d'une perceuse. Ils ont besoin d'un trou dans leur mur. » Si le client n'a pas de besoin, il faut savoir passer à autre chose. Mais quand il a un besoin, je suis là pour l'accompagner et trouver la solution qui lui convient.

Dans toutes mes négociations, j'ai un principe simple : il faut que ce soit gagnant-gagnant. Si mon client en sort gagnant, alors je sais que moi aussi j'y gagnerai. C'est cette philosophie qui me guide dans toutes mes démarches commerciales.

Alors, qu'est-ce que j'ai appris au fil des années ? Trois choses principalement : la résilience, la pugnacité et l'écoute active. Et quand je dis écoute active, je le dis deux fois, parce que c'est probablement la compétence la plus sous-estimée en vente. Vous devez écouter votre client, vraiment écouter. Ce n'est pas juste entendre ce qu'il dit, c'est comprendre ce qu'il ne dit pas et le questionner quand c'est nécessaire. Il y a des moments où tout semble s'effondrer autour de vous, où vous doutez, où la pression est immense, où rien ne se passe comme prévu. Ce sont ces moments-là qui testent votre résilience. C'est là que vous devez puiser dans cette force intérieure et vous dire : « Je vais y arriver, quoi qu'il en coûte. »

Mon passage par le marketing m'a aussi appris à décoder ce que veulent vraiment les clients. Ce n'est pas toujours ce qu'ils disent ouvertement. C'est souvent ce qu'ils ressentent, comment ils réagissent face aux messages et aux médias qu'on leur envoie. Si vous ne captez pas cette subtilité, vous risquez de passer à côté. Ce que j'ai appris en marketing m'a permis de mieux comprendre ces dynamiques, et cela m'a donné un avantage indéniable dans mes approches commerciales.

Alors, si vous aussi, vous traversez des moments difficiles dans la vente, mon conseil est simple : tenez bon. Ne lâchez rien. Vous allez y arriver. Parce qu'au fond, la vente, ce n'est pas seulement une question de technique. C'est une question de volonté, de persévérance, et de résilience. Vous êtes capable de bien plus que ce que vous pensez.

"Les gens n'achètent pas des produits et des services. Ils achètent des relations, des histoires et de la magie."
Seth Godin - Auteur Américain

www.ingramcontent.com/pod-product-compliance
Lightning Source LLC
Chambersburg PA
CBHW031630210526
45464CB00004B/1837